JN022704

教養としての西洋建築

国広ジョージ
建築家
国士舘大学名誉教授

祥伝社

はじめに　建築が読めると、時代が読める

あなたは、「建築」を見て泣いたり笑ったりしたことがあるでしょうか？

いきなりそんなことを聞かれても、意味がよくわからなくてポカンとしてしまう人が多いかもしれません。「建築？　映画やテレビドラマの話ならわかるけど……」と戸惑う声が聞こえてきそうです。

でも僕にとっては、すばらしい建築に心を揺さぶられ、涙ぐんだり、微笑んだりするのは、人生における喜びのひとつ。いや、いちばん大きな喜びと言ってもいいでしょう。それは、多くの人々が映画やドラマや演劇や音楽などに感動するのと同じことです。

僕はその分野の専門家ですが、どんな人も、建築とまったく無関係に日々を過ごすことはできません。いつも寝起きする住居、駅舎、学校、オフィス、商業施設や飲食店、コンサートホールやスポーツの競技場などなど、人は毎日、さまざまな建築が作り出す空間と共に生きています。

誰にとっても身近な存在だからこそ、ふだんはいちいち建築に関心を向けないという面

もあるでしょう。建築は、人間生活の基本である「衣・食・住」のひとつですが、衣食については毎日「今日は何を着ようか」「今夜は何を食べようか」などと真剣に考えるのに対して、「今日はどの建築物に入ろうか」などと考える人はまずいません。自ら建築を選ぶのは、家を建てたり、引っ越し先を考えたりするときぐらい。そういう意味で、建築は「代わり映えしない日常風景の一部」になりがちです。

でも、たとえば旅先で観光名所の歴史的な建築物を前にして、「すごいな」「きれいだな」などと感動した経験は誰にでもあるでしょう。また、これから歴史に刻まれることになりそうな新しいビッグ・プロジェクトも、世間では広く関心を持たれます。

近年では、２０２０年の東京オリンピック・パラリンピックのメイン会場として計画された新しい国立競技場の国際コンペが大きな話題になりました。結果的には莫大な建設費がかかることが問題となって撤回されましたが、最初に選ばれたザハ・ハディドの斬新なデザイン案は、ふだん建築に興味のない人たちも巻き込んで、賛否両論が巻き起こりました。それこそ映画やドラマではよく起こる現象ですが、建築にも、人々のそういう感性を刺激する面があるということです。

もっとも、**あのザハのデザイン案が何を意味していたのか、なぜそれが安藤忠雄（あんどうただお）さんを**

はじめとする審査委員によって選ばれたのか――といったことを理解していた人は、当時そう多くはなかったでしょう。

もちろん、直感的に「かっこいい」「奇抜すぎて馴染めない」といった感想を持つことも大事です。しかしもっと深く理解したほうが建築を楽しむことができますし、そういう人が増えれば、莫大な国家予算を投じるプロジェクトに関する議論も、より意義のあるものになるのではないでしょうか。

そういう建築物は、一過性のものではありません。長く社会に残り、人々に影響を与え続けます。未来への責任を果たすためには、単にコストの都合や人々の好き嫌いだけで決めるのではなく、**その建築が人類社会に対して持つ意味**まで熟慮してつくり上げなければいけません。

そして、建築の意義や影響力を理解するためには、何よりもまず、その「歴史」を知ることが重要です。大学の建築学科でも、建築史の履修は欠かせません。建築という学問は、基本的に理系分野。にもかかわらず「歴史」という人文系の知識を重視するのが、建築の大きな特徴です。

僕自身、大学ではおもに近代以降の建築史を学生たちに教えています。理系なので、歴史に興味を示さない学生も少なくありません。授業中は机に突っ伏してしまう学生も多く、その教室の様子を山のない平地にたとえ、苦笑まじりに「教室を関東平野にするのはやめてくれ」などと言うこともあります。歴史から学ばなければ、良い建築家にはなれません。

建築の具体的な技術まで知る必要のない一般の人々にとって、歴史はむしろ親しみやすい入口でしょう。建築史で語られるのは、世界史の教科書にも出てくる神殿や教会のような巨大建築物ばかりではありません。個人の邸宅や商業施設などが、建築史の中で重要な意味を持っていることもあります。

また、建築は建築家の考えだけでできあがるものではありません。ザハ案もそうだったように、その時代の政治や経済、あるいは支配者や権力者の存在にも大きく左右されます。王権や宗教的権威が表現された建築もあれば、自由と民主主義を背景にした建築もある。ですから、**その歴史を学ぶことで建築を「読む」力を身につければ、建築物を通して時代の変化や社会のあり方そのものを「読む」こともできるようになるでしょう**。そこからは、ビジネスに役立つヒントも得られるかもしれません。

歴史的な意義を持っているのは、国家がつくる国立競技場のような巨大建築物ばかりではありません。多くの人にとって取るに足らない日常風景の一部である大手ハウスメーカーの建て売り住宅なども、その源流は建築史の中に見出すことができます。
それが歴史の中でどう位置づけられるのかを知れば、観光名所に行かなくても、自分たちが建築史という大きな流れの中に生きていることが実感できるでしょう。退屈だった風景が、これまでとはまったく違う新鮮なものに見えるようになると思います。

建築という営みは、建築家と社会とのあいだで成り立つコミュニケーションにほかなりません。だから、それを見て泣いたり笑ったりすることもできる。誰にでも身近な存在でありながら、そうやって人々の心に何かを訴えかけられるからこそ、**建築には社会や時代を変える力がある**と僕は思っています。

でも、建築の力は建築家や建築業界だけで支えられるものではありません。音楽や絵画などの芸術はアーティスト個人のアイデアで新しいものを生み出せますが、建築は実用に供するものなので、それを買ったり使ったりする人々の理解が不可欠です。国家規模のビッグ・プロジェクトになれば、膨大な公金を投入することになるのですから、建築家の自己満足だけでは何も生まれません。

そういう意味で、**建築の未来はこの社会で暮らす人たちみんなの思いに左右されます。**
だから僕は、建築に興味を持ち、理解し、そして楽しめる人を少しでも増やしたい。そのために、この本を書こうと思いました。

建築が発するメッセージを読み取ることで、あなたの人生はより豊かなものになるでしょう。ビジネスの視点も啓（ひら）ける。そういう人が増えれば、建築の未来もより豊かになると僕は信じています。そして、豊かな建築は社会を豊かにする。この本が、そんな良い流れを生むきっかけになってくれたとしたら、こんなにうれしいことはありません。

2024年春

国広（くにひろ）ジョージ

教養としての西洋建築　目次

第1章

石の時代から中世まで

第2章

近世
ルネサンス、マニエリスム、バロック、ロココ

67

第3章

産業革命がもたらした大変化 101

第4章

19世紀末 米国の台頭とアール・ヌーヴォー 127

第5章 モダニズムの巨匠たち 165

第7章 戦後アメリカを彩った異才たち

第8章 日本のモダニズム

終章

ポストモダン、脱構築主義、そして未来へ

ブックデザイン　小口翔平+村上佑佳+後藤司（tobufune）
企画協力　ランカクリエイティブパートナーズ
編集協力　岡田仁志
DTP　キャップス
トレース　篠宏行
校正　円水社

序章

「美」を求め続けた西洋建築

なぜ「西洋」建築史を学ぶのか

さて、これから僕が始めるのは、この本のタイトルどおり「西洋建築」のお話です。なぜ、「世界建築」とか「建築の世界」ではなく、「西洋」建築なんだ?——と、素朴な疑問を抱く人もいるでしょう。まったくもって、ごもっとも。人間社会と建築の関係を広く学ぶなら、「西洋」だけ取り上げるのはアンフェアじゃないか、と感じる人もいるかもしれません。

たしかに、人類は西洋だけから生まれたわけではないので、建築という営みは地球上のあちこちで始まりました。まだ「西洋」という枠組みが存在しない時代から、人間は雨風や外敵から身を守るために、自分たちの暮らす土地の風土や文化に合った形のシェルターをつくっていたはずです。

たとえば寒い土地と暑い土地では、当然ながら必要なシェルターのスタイルが異なります。また、時代ごとの政治や経済などのあり方によっても、建物のつくり方は違ってくる。ですから世界各地で、その地域や時代に特有の建築が行なわれてきました。

でも、現在の建築につながる歴史を脈々と積み重ねてきたのは、やはり西洋です。**古代**

ギリシャ・ローマに始まる西洋建築は、ほかのどの地域の建築よりも、歴史の中で圧倒的に強い影響力を持ってきました。

これは、建築にかぎった話ではありません。歴史のある段階からヨーロッパが世界の多くの地域を制覇したことで、その文明や文化はローカルなものからグローバルなものへと発展しました。

たとえば音楽の歴史にも、そういう面がありますよね？　世界には多種多様な民族音楽があるけれど、いまの世の中で広く知られている音楽のほとんどは――黒人音楽の要素が加わってブルースやジャズが生まれたり、ブラジル音楽とジャズが融合してボサノヴァが生まれたりなど、多様なバリエーションが派生しましたが――何らかの形で西洋音楽の系譜につらなるものといえるでしょう。

それと同じように、**現在の建築はほとんどが西洋建築の影響を受けています。**日本もそう。江戸時代までは、たとえば寝殿造や書院造、戦国武将たちが建てた城郭など、独自の建築文化が栄えました。しかし明治に入ると、建築もいわゆる「お雇い外国人」から西洋の技術や考え方を学ぶようになります。

明治以降、日本の建築が「西洋」をどのように受け入れていったかについては、いずれまた別の章でじっくりお話しすることにしましょう。それ以降、日本の建築界は目覚ましい発展を遂げ、国際的に高く評価される建築家も数多く輩出してきました。「建築界のノーベル賞」ともいわれる**プリツカー賞の日本人受賞者は、丹下健三**さん、**槇文彦**さん、**安藤忠雄**さん、**磯崎新**さんなど、２０２４年の時点で9名。これは、世界では最多です。

ですから、わが国の誇る建築家たちの仕事をより深く理解するためにも、西洋建築史の知識は欠かせません。ここでは、その歴史の全体像をごく簡単に眺めておきましょう。

２０００年も影響力を保つ『建築十書』とは

話は、紀元前1世紀までさかのぼります。その頃のローマに、**ウィトルウィウス**という建築家がいました。生まれた年も亡くなった年も不明ですが、ローマ帝国の初代皇帝アウグストゥス（在位紀元前27－後14）の時代に活躍したとされています。

このウィトルウィウスは、**「世界初」とされる建築の専門書**を書いたことで歴史に名を残しました。10巻からなる『**建築十書**』です。建築の原理や歴史から始まり、神殿、劇場、浴場、家屋などさまざまな建築物に関する記述のみならず、「時計」や「機械技術と軍事技術」をテーマとする巻もありますから、ウィトルウィウスは当時の科学や技術に広く精通した人物だったのでしょう。

レオナルド・ダ・ヴィンチ
「ウィトルウィウス的人体図」(1487頃)

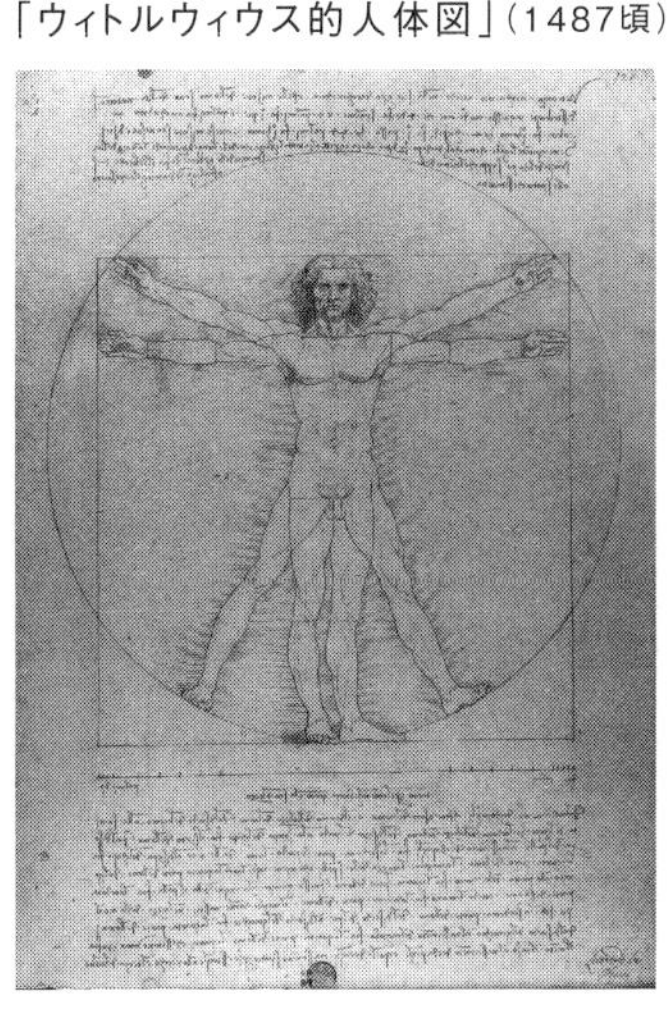

西洋建築史のスタートラインをどこに置くかについては、いろいろな考え方があると思います。古代ローマの建築は古代ギリシャの影響を受けていますから、西洋建築がウィトルウィウスの時代に始まったわけではありません。

しかし**西洋建築がのちの世界に与えた影響力の最大の源泉は、明らかにこの『建築十書』です**。この本は決して古代の遺物ではなく、2000年もの長きにわたって建築文化に影響を及ぼし続けました。あのレオナルド・ダ・ヴィンチも『建築十書』に影響を受け、**「ウィトルウィウス的人体図」**という有名な作品を描いています。ダ・ヴィンチ(1452−1519)が生きた時代は、15世紀から16世紀。その人物が紀元前1世紀に書かれた本を参考にしていたのですから、『建築十書』の息の長さは驚くべきものです。

ウィトルウィウスの建築論の中でもっとも後世に大きな影響を与えたのは、彼が建築の原則として提示した**「用・強・美」**というキーワードでした。とくに重要なのは、そこに「美」という要素が含まれていることです。

建築は第一に実用性が求められますから、人間にとって使いやすく（用）、簡単には壊れない頑丈さ（強）を持たなければいけません。しかしウィトルウィウスは、「美」をその2点と並ぶ原則として掲げました。

建築は、美しくなければいけない──。

この価値観が、現在にいたるまで西洋建築の根底にあるのです。

ちなみに日本でも、ウィトルウィウスの時代より1500年以上も後になりますが、江戸時代初期に**平内政信**（へいのうちまさのぶ）という大工の棟梁（とうりょう）によって『**匠明**（しょうめい）』という木割（きわり）書が書かれました。木割とは、建築に使う部材の寸法や組み合わせを比例で決めたルールのことです。その割合によって建築物全体のプロポーションも決まるので、「美」の基準ともいえるでしょう。

ただ、木割は人間のプロポーションに合わせて決められたものなので、「美」そのものを求めたわけではありません。むしろウィトルウィウスの言う「用」、つまり人間にとっての使いやすさや居心地の良さを求めた結果、その自然なあり方の中に「美」が組み込まれているということでしょう。『匠明』自体、とくに美意識を強調したものではなく、基本的には、大工のための技術書です。

それに対して、ウィトルウィウスは2000年前の段階で、建築の原則に「美」を持ち込みました。それが脈々と受け継がれていったのが、西洋建築の大きな特徴です。「はじめに」でもお話ししたとおり、建築は基本的に理系分野。実際、大学の建築学科も多くは工学部に設置されています。「用」や「強」という建築の実用性を考えれば、たしかに工学部の領域でしょう。しかし、建築学科は美術大学にも置かれています。やはり「美」は、建築にとって「用」「強」と並ぶ不可欠の要素なのです。

古典主義とモダニズム

建築にとって何を「美」と考えるかは、時代によってさまざまに変化してきました。その変遷をたどるのが、西洋建築史の中心テーマです。もちろん「用」や「強」を進歩させる素材や技術も次々と変化しますが、その新しい素材や技術が新しい「美」を生み出すきっかけにもなってきました。

ただし、西洋建築の美意識は「新しさ」だけを求めてきたわけではありません。**時代の変遷の中で何度も『建築十書』が書かれたギリシャ・ローマ時代に立ち返るのが、西洋建築史の特徴であり、面白いところでもあります。**

詳しくはのちほどお話ししますが、たとえば15世紀以降の**「ルネサンス建築」**は、まさ

ル・コルビュジェ他国際連合本部ビル設計委員会
「国際連合本部ビル」(1952)

にそういうものでした。キリスト教の聖書がすべてをコントロールした中世の封建体制の変革を目指した「ルネサンス」は、「再生」「復活」を意味するフランス語。ギリシャ・ローマの古典文化を復興させようとする文化運動です。そのため建築も、ギリシャ・ローマ建築を見直すようになりました。

そのルネサンス建築は、やがて**「バロック」**や**「ロココ」**と呼ばれる華やかな装飾スタイルを生み出しましたが、それが過剰になって飽きられるようになると、よりシンプルな建築が求められるようになります。ここでも、参照されたのはギリシャ・ローマの建築。18世紀末には、**「新古典主義」**と呼ばれる流れが生まれました。

その後、建築史に大きな転換をもたらす要因となったのは、**産業革命**です。技術革新によって大量生産が可能になった世界では、何よりもスピードや効率が価値を持つようになりました。そういう社会的な変化を受けて、建築の世界でも装飾が否定され、機能性や合理性を重視

ル・コルビュジェ「国立西洋美術館 本館」(1959)

する**「モダニズム」**が生まれます。

建築にあまり詳しくなくても、フランスの**ル・コルビュジェ**(1887－1965)という建築家の名前を見聞きしたことのある人は多いでしょう。彼は、20世紀のモダニズム建築を主導した重要人物のひとりです。

たとえば、戦後国際建築家チームの一員として設計に参加した**ニューヨークの国際連合本部ビル**や、日本で唯一の作品である**東京の国立西洋美術館**など、ル・コルビュジェが計画や設計を手がけた建築を見れば、モダニズムの特徴は一目瞭然。機能主義と合理主義に徹した、装飾のない幾何学的な「箱」のような建築です。

このモダニズムに対しては、美意識の面からさまざまなアンチテーゼが投げかけられました。近代以降の歴史は僕の専門分野でもありますし、現在と未来の建築を考える上でも重要な部分なので、そのあたりの紆余曲折(うよきょくせつ)については、この本の中でも多くのページを割いて詳しくお話しすることになるでしょう。ヨーロッパに加えて、米国や日本が西洋建築史の表舞台に出てくるのも、この頃からです。

悲劇の建築家ミノル・ヤマサキ

ちょっと先回りしてお話ししておくと、**モダニズム建築は1960年代にはすでに行き詰まっていました。**世間的には最先端の新しいビルなどを「近代建築」と呼んだりするので、60年も前に行き詰まっていたと聞くと意外に感じるかもしれません。でも建築家にとって、「モダニズム」はとっくの昔に新しい概念ではなくなっています。

それに関連して、ここでひとつ、個人的にもちょっと思い入れのある建築を紹介しておきましょう。その建築は、**モダニズムの名作でありながら、その「終わりの始まり」を告げるもの**にもなってしまいました。1956年に米国ミズーリ州のセントルイスに建設された**「プルーイット・アイゴー」**という名の団地です。

極貧地区のスラムを取り壊して、新たに11階建ての高層住宅33棟を建てたのですが、これはのちに、米国の住宅計画史上最大の失敗と評されることになりました。予算削減のためコストを下げて住みやすさを犠牲にしたこともあり（たとえばエレベーターは1階、4階、7階、10階にだけ停止するシステムでした）、犯罪が増えるなど環境が荒廃して、団地そのものがスラム化してしまったのです。

ミノル・ヤマサキ「プルーイット・アイゴー」(1956)

入居者も激減したため、プルーイット・アイゴーは1972年に爆破によって解体されました。ある建築評論家は、この団地が爆破された日のことを**「モダニズム建築が死んだ日」**と述べています。

このプルーイット・アイゴーを設計したのは、日系アメリカ人の**ミノル・ヤマサキ**でした。僕も長く日系アメリカ人として米国で暮らしたので、この建築には個人的な思い入れがあるのです。

僕は戦後生まれなので体験していませんが、第二次世界大戦中の米国は、日系人にとって過ごしやすい国ではなかったでしょう。日本軍の真珠湾攻撃を受けた後は、12万人以上の日本人と日系人が自宅から退去させられ、強制収容所に送り込まれました。僕も米国では「アメリカ人」として扱ってもらえないなどイヤな思いをしてきましたが、当時はもっと苦しい立場だっただろうと思います。

ミノル・ヤマサキ
「世界貿易センター(WTC)」(1973)

そんな米国で政府や軍の仕事を手がけ、戦後の再開発事業だったプルーイット・アイゴーの設計を託されたミノル・ヤマサキは、僕に言わせれば「建築界の大谷翔平」みたいな存在です。その手による名作が悲しい最後を迎えてしまったのは残念でなりません。

さらに言っておくと、彼は、もっと世界的に有名な建築も手がけています。そのビルは、プルーイット・アイゴーが解体された翌年、1973年にニューヨークで完成しました。

しかし重ね重ね残念なことに、その傑作もいまはもう地上に存在しません。2001年9月11日に発生した同時多発テロで、ハイジャックされた旅客機の突入によって倒壊した**世界貿易センター(WTC)**です。

あの超高層ツインタワーも、モダニズム建築史に刻まれる独創的な美しさを持っていました。一度ならず二度までも傑作が倒壊の憂き目に遭ってしまったのですから、ミノル・ヤマサキほど**「悲劇の建築家」**という言葉がふさわしい人はいません。

黒川紀章「中銀カプセルタワービル」(1972)

行き詰まったモダニズムをいかに打開するか

一方、モダニズムが行き詰まりを迎えた時期に、日本の建築家たちが新しいムーブメントを起こして世界にインパクトを与えたこともありました。１９６０年に、日本が初めて「世界デザイン会議」の開催国となったときのことです。

そこで日本は、**黒川紀章**（くろかわきしょう）さんら当時の若手建築家や都市計画家たちが提唱した**「メタボリズム」**という概念を発表しました。思わずおなかのあたりを気にした中高年読者もいるかもしれませんが、これはべつに、ふっくらした形状の建築を始めようという話ではありません。メタボリズムとは、「新陳代謝」のこと。社会の変化や人口の増加などに合わせて有機的に成長する都市や建築を目指す運動です。

このメタボリズムを具現化した建築のひとつが、黒川紀章さんの設計による**中銀カプセルタワービル**でした。完成したのは、１９７２年。ミノル・

ヤマサキのプルーイット・アイゴーが解体された年だったのは、単なる偶然なのでしょうが、なんとなく歴史の因縁のようなものを感じたりもします。

中銀カプセルタワービルは、残念ながら2022年に解体されてしまいました。つまりメタボリズムは西洋建築史の大きな潮流にはならなかったわけです。しかしモダニズムが行き詰まりを見せる中で、非西洋の日本から新しい建築運動が生まれたことには、歴史的な意味があったと思います。

というのも、1980年代の初頭に、建築の世界では**「クリティカル・リージョナリズム(批判的地域主義)」**と呼ばれる考え方が生まれました。ちょうど、モダニズムに対する反動としての**「ポストモダニズム」**が盛り上がり、「何でもアリ」の奇抜な建築が次々とつくられていた時期のことです。

その流れに批判的だった建築史家**ケネス・フランプトン**をはじめとする人たちが、クリティカル・リージョナリズムを提唱しました。これは、文字どおり「地域性」を重視する考え方です。

ギリシャ・ローマ建築以来、西洋建築はある意味で普遍的なものとして世界を席巻(せっけん)してきました。モダニズムはその究極の様式と言ってもいいでしょう。どこの国や地域であろうと、モダニズム建築は同じような美意識によってつくられます。

しかしそれでは、行き詰まりを打開できない。そこで、**それぞれの地域の歴史、文化、気候風土などを取り入れることで新しい建築を生み出そう**というわけです。移り変わる自然との共生を大事にする日本人が志向したメタボリズムは、そういう潮流の先駆けだったといえるかもしれません。

黒人建築家が初のプリツカー賞に

クリティカル・リージョナリズムの提唱者であるケネス・フランプトンは、安藤忠雄さんの建築をたいへん高く評価しています。僕はケネスと安藤さんといっしょに食事をしたことがありますが、そのときも彼は「クリティカル・リージョナリズムの真髄が安藤忠雄だ」と言っていました。

安藤さんはル・コルビュジェの本と出会って建築家を志した人ですから、その基本にあるのはモダニズムです。でもその作品には、たとえば谷崎潤一郎の『陰翳礼讃』に象徴されるような日本人の美意識が表現されている。だからその作品は、世界中で愛され、専門家にも高く評価されるのです。

近年の建築界では、ヨーロッパの建築家がアフリカ、アジア、南米の建築に影響を受けるような流れも出てきました。また、2022年のプリツカー賞を受賞した**ディエベド・フランシス・ケレ**は、西アフリカのブルキナファソ出身です。彼は、黒人建築家として初の受賞者となりました。

ここまで駆け足で西洋建築史の流れを概観してきましたが、現在はある意味で「西洋建築史」が「世界建築史」に転換しようとしている時期なのかもしれません。

もっとも、いまのクリティカル・リージョナリズムが、世界に多大な影響を与えたモダニズムに取って代わる歴史的な様式となるかどうかはまた別の話です。その一方で、それこそ国立競技場のザハ案のように、地域性とは無関係な建築も盛んにつくられています。あれは、数学を駆使した**「アルゴリズミック・デザイン」**と呼ばれるもの。従来のモダニズムと同様、「普遍」を目指すものといえるでしょう。

行き詰まったモダニズムの先にどんな未来があるのかは、まだわかりません。多くの建築家たちが、新たな歴史を切り拓くための道筋を模索している段階です。それはある意味で、建築という文化にとってエキサイティングな時代ともいえるでしょう。その面白さを深く知ってもらうためにも、次章以降、あらためて建築の起源である「石の時代」からその歴史を詳しく追いかけていくことにします。

第 1 章

石の時代から中世まで

人が使う「空間」をつくるのが建築

人類が自らの手で「シェルター」を建築するようになったのがいつなのか、僕は考古学者ではないのでわかりません。おそらく石器時代の狩猟採集民は、天然の洞窟で身を守りながら暮らしていたのでしょう。当然、これはまだ「建築」とは呼べません。洞窟そのものは、単なる自然の一部です。

でも、それを人間がシェルターとして使い始めた時点で、そこにはのちの「建築」にとって欠かせない要素も含まれていたでしょう。

というのも、住居としての洞窟には何らかの**「中心」**があったはずです。「円の中心」のような幾何学的な話をしているわけではありません。そこで暮らす人間にとって意味のある中心、とでもいえばいいでしょうか。

たとえば火を燃やして食べ物を調理する囲炉裏のようなものがあれば、そこが「中心」です。それを家族みんなで囲み、寝起きを共にする。あるいは、洞窟の奥には一族の長老が座る場所が用意されていたかもしれません。これも、ある意味で「中心」でしょう。このように何らかの「中心」が生じることで、洞窟は家族の一体感やヒエラルキーといった

秩序を表現する空間になったわけです。

また、洞窟は**セキュリティの面でも有効な空間**でした。外敵が侵入する開口部は一方向にしかないので、同時に四方八方を見ることのできない人間にとっては、たいへん安全性の高い構造です。誰かが開口部のほうだけ警戒していれば、ほかの家族は安心して眠ることができたでしょう。

建築にとって、**「空間」**はとても重要な要素です。人間が使うための空間をどのように構成し、そこにどのような意味を持たせるか——建築家は、それを考えます。**建物をつくるとは、空間をつくることにほかなりません。**ですから、たとえ人工物ではない天然の洞窟であっても、人間にとって意味のある空間が生まれれば、それはある意味で建築に近いものと考えることができるのです。

逆に言うと、人間の手で建造したものであっても、人間が過ごす空間のないモニュメントのようなものは、少なくとも僕は「建築」とは呼びません。具体例としては、エジプトのピラミッドがそうです。

もちろん一般的な意味ではそれも「建築」に属するでしょうし、実際、建築史の1ページ目でピラミッドを取り上げる本も少なくありません。構造家などエンジニア系の専門家たちには、興味深い構造物ですが、でも僕だけでなく、ピラミッドに建築としての面白さを感じない建築家は多いと思います。

エジプトのピラミッドはみっしりと石で埋め尽くされているわけではなく、内部空間が存在するそうですが、それは棺を納める場所であって、生きた人間が使う空間ではありません。それよりも、人間たちが暮らす空間としての意味を持っていた洞窟のほうが、建築家として興味を惹かれたりするわけです。

自然を脅威と見なす「石」の建築文化

とはいえ、たくさんの石を積み上げてつくられたエジプトのピラミッドは、素材の点では西洋建築の特徴をよく表わしています。日本や東南アジアなど、建築において「木の文化」が主流だった地域はいくつもありますが、西洋建築はそれが始まったときから「石の文化」が長く続きました。

では、**木の文化と石の文化の違いは何でしょう**。

木も石も自然の産物ではありますが、建築の素材として見た場合、石のほうが耐久性が高いのは明らかです。木の建築は長く保(も)たないので、古い時代につくられていたとしても遺跡としては残りません。

たとえば日本の法隆寺は現存する世界最古の木造建築とされていますが、それでも建立は7世紀のことです。一方、エジプト最古のピラミッドが建てられたのは紀元前27世紀のこと。それからおよそ3300年後の法隆寺建立は、ピラミッドに比べたら「ごく最近の出来事」です。日本でも中国でも東南アジアでも、ピラミッドと同じ時期に何らかの木の建築は行なわれていたはずですが、それは残っていません。

なくなった建築に使われていた木はどうなるかというと、長い時間をかけて土に還ります。人間はその土が育んだ木を使って、また建築をする。そのまま何千年も建築物として残る石と違い、木は自然と建築（人工物）のあいだを行ったり来たりします。つまり**「木の文化」とは、自然との「共生」を指向する文化なのです。**

日本の伝統的な住居は、まさにそういうものでしょう。縁側があることで「内」と「外」が一体化しているので、外部が内部に入り込み、内部が外部に出ていくような構造になっています。そういう「空間」のあり方によって、自然との共生という価値観が表現されているわけです。

20年おきに社殿をつくり替える伊勢神宮の「式年遷宮」も、自然との共生を図る「木の文化」ならではの習慣です。材料は新調されているので、昔のまま遺跡として残っているわけではありませんが、消え去ってもいません。昔から同じ技術を使って同じ姿形を保つことで、1300年前から変わらずに存在しています。このやり方が続くかぎり、その建築としての命は石造建築より長いかもしれません。

こうした「木の文化」に対して、**西洋の「石の文化」は自然を人間に対する脅威と見なしています**。自然という「外敵」から自分たちを守るためには、ちょっとやそっとでは壊れない頑丈な素材を使わなければなりません。

そういう自然観の背景には、気候風土の厳しさもあるのでしょう。とくにヨーロッパ北部は冬の寒さが過酷なので、日本の縁側みたいな開放的な構造にはできません。城などを見ると、開口部が小さくなっています。そういったことも含めて、西洋では厳しい自然を抑え込むような構造が建築に求められました。

西洋では、キリスト教の影響で「人間中心主義」が広がったとも指摘されます。世界の中心にいるのは人間だから、自然はその人間によって支配されなければいけない。そこが、人間を自然の一部と見なす東洋とは根本的に違うというわけです。そういうキリスト教的な考え方も、建築における「石の文化」から始まっていたのかもしれません。

「空間」がクリエイトされたエジプトのルクソール神殿

「建築」として注目すべき「ルクソール神殿」

耐久性の高い「石」という素材を使う西洋建築は、古いものが長く残り続けたからこそ、後世の建築にも長く影響を与え続けました。遺跡として残らなければ、後世の建築家が過去の作品を参照することもできません。

ここで古代エジプトに話を戻すと、歴史的な建築として注目すべき遺跡はピラミッドではなく、**ルクソール神殿**です。エジプト第18王朝（紀元前１５５０－前１２９３頃）のファラオ、アメンホテプ3世が建立しました。

ルクソール神殿は、単独で成り立つ建築物ではありません。カルナック神殿という大きな複合体の中核をなすアモン大神殿に付属する神殿です。アモン大神殿とルクソール神殿は、スフィンクスの参道で結ばれていました。

つまり、カルナック神殿という構造全体の中に「中心」と「付属物」というヒエラルキーがあり、それぞれの部分に役割がある。そこにはまさに、建築が建築と呼ばれるために欠かせない**「意味を持つ空間」**がありました。

この神殿を設計した人たちは、おそらくファラオが求めたであろう宗教的な意図などを踏まえて、空間の意味や建物と建物の関係性などを考えたのでしょう。そこには都市設計も含まれていたかもしれません。古代エジプトにもすでに建築家は存在していました。紀元前2700年に生誕したとされる神官イムホテプは建築家としてジェセル王のピラミッドを設計したとされています。このようにピラミッドはまさしく建築家の仕事です。

建築家は、芸術家のように自分の頭に浮かんだアイデアを形にするだけではありません。とはいえ、誰かのアイデアを形にするだけの技術屋とも違います。その建築に求められる意味や用途などを踏まえて、**空間の関係性をクリエイトする。それが建築家の役割です。**

たとえば——時代も地域もルクソール神殿からは離れますが——石庭で有名な京都の龍安寺(りょうあんじ)に行ったことのある人は多いでしょう。あの石庭には15個の石が並べられていますが、どの角度から眺めても、そのうちの1個は必ずほかの石に隠れてしまうので、14個しか見えません。その意味については、諸説あるようです。たとえば「15」は東洋の思想で「完全」を表わす数字であり、そのうち1個だけ見えない配置にされているのは「自分に足りないものを見つめよ」という教えが込められている——といった説もあるそうですが、そういった何らかの理屈に基づいて、庭と建物を含めた空間全体がデザインされているわけです。建築には、この「理屈」が欠かせません。

もっと身近な例でいえば、誰か個人の住宅設計を依頼された建築家は、依頼主の家族構成やライフスタイルなどを全体的に把握した上で、その家庭にふさわしい空間のあり方を考えます。自分の好む空間を顧客に押しつけるわけではありません。

たとえば親子の関係や教育方針などによって、子ども部屋の配置や玄関から2階に向かう動線も変わってくるでしょう。帰宅した子どもが自分の部屋に直行できないよう、いったんリビングを経由しないと階段を上がれないような構造にすることもあります。**その空間の構造が、そこで暮らす人たちに対するメッセージになるわけです。**

古代エジプトの神殿も、その空間全体から、その周辺で暮らしていた人々に対するさまざまなメッセージが発せられていたのでしょう。あるいは、彼らが崇拝する神様に対するメッセージだったかもしれません。

ルクソール神殿にかぎらず、観光旅行で古い建築物を訪れたときは、ただ「デカいなー」などと感心するだけでなく、そこに込められた理屈や空間が発するメッセージを想像しながら眺めると、より深く心に刻まれる経験になるのではないでしょうか。

3種類の「柱頭」デザイン

ところでルクソール神殿には、のちのギリシャ・ローマ建築に与えた具体的な影響も見て取ることができます。とくに重要なのは、ずらりと並ぶ柱のてっぺんの形。建築用語では**「柱頭」**といいますが、ルクソール神殿はそれが蓮の花のような形をしています。何かしら宗教的な意味合いがあってデザインされたものでしょう。

のちのギリシャ建築では、この「柱頭のデザイン」が大きな特徴になりました。ローマ時代に書かれた**ウィトルウィウスの『建築十書』でも、ギリシャ神殿の柱頭デザインを3種類に分類して紹介しています。**

それが後世のルネサンス建築や新古典主義建築でも復活したのですから、西洋建築の源流のひとつが古代エジプトの神殿だったことは間違いありません。

ウィトルウィウスは『建築十書』の3巻で**「イオニア式神殿」**、4巻で**「コリント式神殿」**と**「ドリア式神殿」**について書きました。この3種類は、いずれもギリシャでつくられた神殿における**「オーダー」の形式**です。

オーダーとは、円柱、それを支える基壇、柱の上の梁（はり）と屋根などのパーツの形状や寸法

ギリシャ神殿の柱頭デザイン3種

ドリア式

イオニア式

コリント式

のバランスのことです。そして、3種類のオーダーそれぞれの特徴をいちばん端的に表わしているのが、**「柱頭」のデザイン**でした。その3種類の柱頭の形を知っているだけで、西洋建築を見る楽しさは何倍にもなるでしょう。

3つの中でいちばん古いのは、**ドリア式（ドリス式ともいいます）**。ルクソール神殿のような装飾はなく、**直線的でシンプルなデザイン**です。円柱そのものが太いこともあって、男性的な力強さが最大の特徴とされています。

その次につくられるようになったのは、**イオニア式**。古代ギリシャ民族の分派のひとつで、ドリス人の侵入を受けてアナトリア半島西岸に移住したとされるイオニア人が生み出しました。ドリア式とのいちばんの違いは、柱頭に施された**渦巻き状の彫刻**。円柱そのものはドリア式よりも細く長くなり、全体に女性的なイメージになっています。

3種類の中で最後に登場した**コリント式**は、イオニア式よりもさらに円柱が細くなりました。柱頭の装飾もより華麗で複雑になります。そこに彫刻されたのは、**地中海沿岸を原産地とするアカンサス（葉アザミ）の葉**でした。

都市計画の一部としてのパルテノン神殿

ギリシャ観光のハイライトともいえるアテネの**パルテノン神殿**は、３つの形式の中でいちばん古い**ドリア式神殿**を代表するものです。オリンピアの「ゼウス座像」など多くの神像を制作して「神々の像の作者」とも呼ばれた彫刻家**フェイディアス**の指導のもとで**イクノティス**という建築家が設計し、紀元前４３８年頃に完成しました。

幅約30メートル、奥行き約70メートルの神殿に並ぶ大理石の円柱は46本。両端から中央部にかけてふくらみを帯びる**「エンタシス」**という形状であることも、この神殿の柱の特徴です。

話はちょっと脱線しますが、明治期に西洋建築をひととおり学んだ頃の日本で、このエンタシスに関する論文が書かれたことがありました。当時この分野をリードしていたのは、帝国大学（のちの東京帝国大学）の建築学科。そこで、「これまで西洋建築を学んできたが、

ドリア式を代表する「パルテノン神殿」(紀元前438頃)

それだけでいいのか。日本の建築史も学ぶべきではないか」という議論が起きました。

そこで**伊東忠太**(いとうちゅうた)という若い学生が学位論文として書いたのが「法隆寺建築論」です。中国やインドにも行ってさまざまな建築を見てきた彼が最終的に発見したのは、法隆寺南大門の柱が「エンタシス」だということでした。

だから、日本建築のルーツはギリシャ建築にある——かなり飛躍した議論で、学術的には両者の歴史的つながりは現在も立証されていません。でも、当時はそんなことが大真面目に語られました。

「日本は西洋をただ真似しているのではない。もともと西洋と対等なものだったのだ」

と言いたかったのかもしれません。しかしそんなことを言いたくなるぐらい、ギリシャの神殿は西洋建築にとって重要な存在だということです。

伊東忠太の名誉のために紹介しておくと、法隆寺が日本最古の寺院建築であることを突き止めたのは彼ですし、その後、日本建築史の分野を創設した権威となるプロフェッサー・アーキテクトです。自らの提唱した「建築進化論」に基づいて設計した築地本願寺などの作品も有名です。また、それまで「造家」と呼んでいたものを「建築」と名づけたのも伊東忠太。いろいろな意味で、日本建築史における重要人物のひとりです。

ところでアテネのパルテノン神殿は小高いアクロポリスの丘にあるのですが、これはエジプトのルクソール神殿がそうだったように単独で成り立つものではなく、**大きな都市計画の一部**だったように見えます。周囲には図書館、劇場、音楽堂などの文化施設があり、丘の麓(ふもと)には**「アゴラ」**と呼ばれる公共広場がありました。

アゴラは、古代ギリシャのポリス(都市国家)で市民たちが議論し合う「民会」が開かれた場所。とくにアテネ――かつてのアテナイは、市民が参加する直接民主政が最初に発展したポリスです。そのアテナイのアゴラは街の中心部に位置し、そこから放射状に道路がつくられました。

後年、アテナイの民会場はアクロポリスと向かい合う位置にあるプニュクスの丘に移りましたが、こうした全体の構造には、そこで民主政を育てようとする都市計画者たちのメッセージが込められているように思えてなりません。

街から見上げる丘の上にパルテノン神殿があり、その麓には市民たちが集(つど)って自由に意見を戦わせる広場がある——神様という権威に包まれ、見守られながら、アテナイの人々は自分たちの民主政を築いていったのではないでしょうか。少なくとも僕は、現地を訪れたときに、そんなことを感じました。

「建築コレクション」に励んだハドリアヌス帝

古代ギリシャのアテナイでは民主政が発展したとはいえ、古代から中世、近世にいたるまで、封建的な社会で大規模な建築や都市計画を牛耳(ぎゅうじ)っていたのは、王様や皇帝などの権力者たちです。ローマ帝国の時代には、いわゆる「五賢帝」のひとりである**皇帝ハドリアヌス**(在位117–138)が、ローマや属州での都市建設や建築に大きな関心を示しました。

たとえば126年には、ブリタニア(現在のイングランド)北部に118キロメートルもの長さを誇る**「ハドリアヌスの長城」**を建設。都市開発も各地で行ない、ハドリアノポリス(現在のトルコのエディルネという都市)をはじめ、ハドリアヌスの名を冠した都市が8つもつくられたそうです。

ローマ帝国内の名建築を模した「ヴィッラ・アドリアーナ」(133)

ハドリアヌスは、荒廃していたアテナイの再建にも力を入れました。多数の公共建築物を寄進し、長く未完成だったゼウス・オリュンピウス神殿も完成させています。パルテノン神殿のあるアクロポリスの東側には、その功績を讃えるためにアテナイの市民たちがお金を出して**「ハドリアヌスの凱旋門」**が建てられました。

また、ハドリアヌスにとって建築は趣味のようなものでもあったようです。彼は118年から133年にかけて、現在のローマの東北東にあるティボリという街に、広大な別荘をつくりました。**ヴィッラ・アドリアーナ**と呼ばれるその敷地内には30を超える建物があるのですが、その大半は**ローマ帝国の属領にある魅力的な建物を再現**したものです。

たとえばアテナイのアゴラにあった彩色柱廊や、

エジプトの神殿、アレクサンドリアとカノポスを結ぶ運河など、さまざまな名建築を模した建物がいまもヴィッラ・アドリアーナには残っています。イオニア式やコリント式などの特徴を持つ伝統的なギリシャ建築も見られるので、ハドリアヌスの時代よりも200年ほど前に『建築十書』をまとめたウィトルウィウスが見たら感激の涙を流したのではないでしょうか。

これはいわばハドリアヌスの「建築コレクション」にほかなりません。彼は、建築に「美」や商品価値を見出した権力者だったのでしょう。「用・強・美」という三原則を掲げたウィトルウィウスの『建築十書』を読んだかどうかはわかりませんが、「五賢帝」のひとりに数えられるだけあって、建築の価値を理解する立派な教養人だったのだと思います(建築を愛する僕の欲目かもしれませんが)。

パンテオンとコロッセオ

そんな**ハドリアヌス**が手がけた建築の中でもいちばん有名なのが、ローマ観光における最大の名所である神殿、**パンテオン**です。

これは、ハドリアヌスが115~125年頃に再建したものです。火事で焼失した最初

ハドリアヌス帝が再建した「パンテオン」（ローマ）（125頃）

パンテオンの天井。穴から光が降り注ぐ

のパンテオンは、紀元前27年に初代ローマ皇帝アウグストゥスの腹心だった**マルクス・ウィプサニウス・アグリッパ**という政治家が建造しました。現存するハドリアヌスのパンテオンにも、アグリッパの名が刻まれています。

パンテオンの入口は8本の円柱が三角の屋根を支えており、一見するとパルテノン神殿と似たような雰囲気を醸し出しています。ギリシャ建築がローマ建築に影響を与えていることがわかりますが、**パンテオンの独自性は何といってもその先にある円堂です。天井は半円球のドームで、真ん中に明かり取りの穴が開いている**。そこから降り注ぐ**「光」**が、この建築のいちばんの見どころでしょう。

建築の「美」は、建物だけで表現されるものではありません。周囲の景観との調和も求められますし、そこに生じる光と影も「美」の一部になります。

だから建築家は、外から内部にどのように光を射し込ませるかについても知恵を絞る。いまの時代はさまざまな照明器具を駆使することもできますが、ロウソクや松明(たいまつ)ぐらいしか室内照明のなかった時代は、とりわけ太陽光の使い方が大きな意味を持つことになったでしょう。

パンテオンの天井の穴は、その点で、じつにすばらしい視覚効果を生み出します。暗い堂内に真上からまっすぐに射し込む光線に、何ともいえない神々しさを感じる人は多いでしょう。ローマ神話にはソール(英語のsolarの語源ですね)という太陽神がいて、帝政ローマの時代にはアポロンなどほかの太陽神とも習合し、篤(あつ)く信仰されたそうです。

また、そこで長く過ごしていると、太陽の光は少しずつ角度を変えて動いていきます。つまりパンテオンのドームでは、**宇宙、そしてこの世における時間の流れを体感できる**のです。

僕はパンテオンを訪れた際、その光を見ながら、太陽と地球が織りなす悠久の時間に思いを馳せ、それを自分の人生と重ね合わせました。人はときどき自分の人生を振り返ってさまざまなことを考えますが、こういう建築空間にいると、ふだんとはひと味もふた味も違う感慨が胸の奥に渦巻くものです。そういう意味で、パンテオンは建築と人間とのあいだに深いコミュニケーションを生んでくれる空間だといえるでしょう。

ローマの建築といえば、**コロッセオ**も多くの観光客が訪れる名所のひとつです。これを建てた**皇帝ウェスパシアヌス**（在位69－79）も、神殿をはじめとして建築に力を入れたローマ皇帝のひとりでした。

この**4階建ての円形闘技場**にも、その柱にギリシャ建築の影響が見られます。オーダーは、**1階がドリア式、2階がイオニア式、3～4階がコリント式**。上部に行くほど、柱が細くなっていくわけです。行ったことがあっても、「柱の違いなんて気づかなかった」という人は多いでしょう。やはり、西洋建築史の知識があったほうが旅行は充実します。

パンテオンは神殿なので神々しさを感じさせますが、こちらは娯楽のための施設。しかも、奴隷や戦争の捕虜たちが殺し合いをさせられていたのですから、パンテオンとはまったく受ける印象が違います。

地下から上に連れてこられた奴隷が殺される様子を、5万人も収容できる高い観客席から見下ろして楽しむ人たちがいた――現地であの勾配の大きな空間に身を置くと、そこにあるヒエラルキーの過酷さが切実なリアリティを持って伝わってきます。

バシリカと集中式を組み合わせた中世のビザンツ建築

330年にコンスタンティノープル（現在のイスタンブール）に遷都したローマ帝国は、395年に東西に分裂しました。それ以降、中世の西洋建築は東ローマ帝国（ビザンツ帝国）を中心に発展します。

言うまでもなく、中世のヨーロッパはキリスト教文化が発展した時代です。そのため建築も、キリスト教会が主役になっていきま

初期のキリスト教会で採用された「バシリカ」

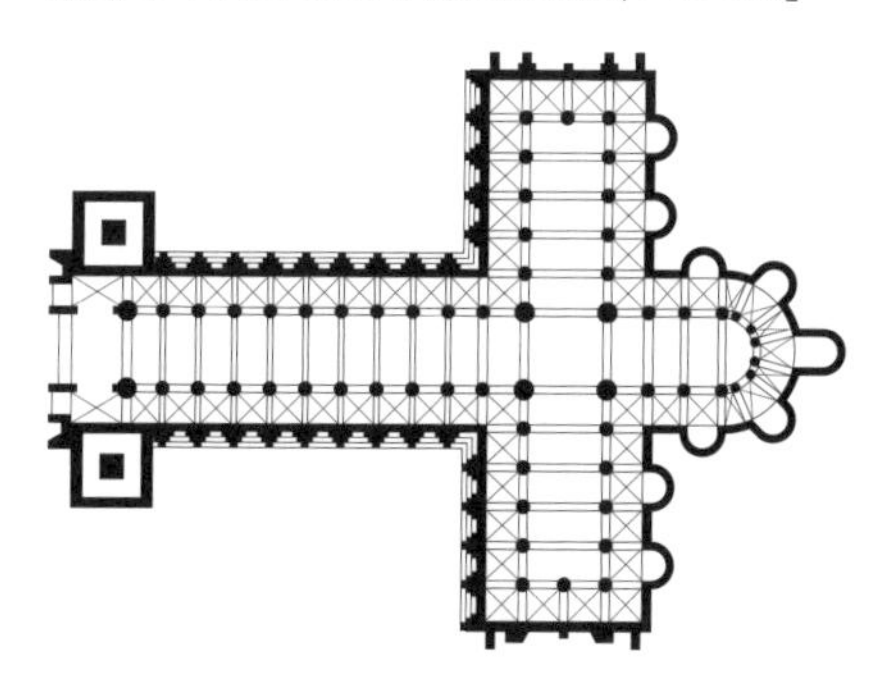

半円球のドームを載せた「集中式」

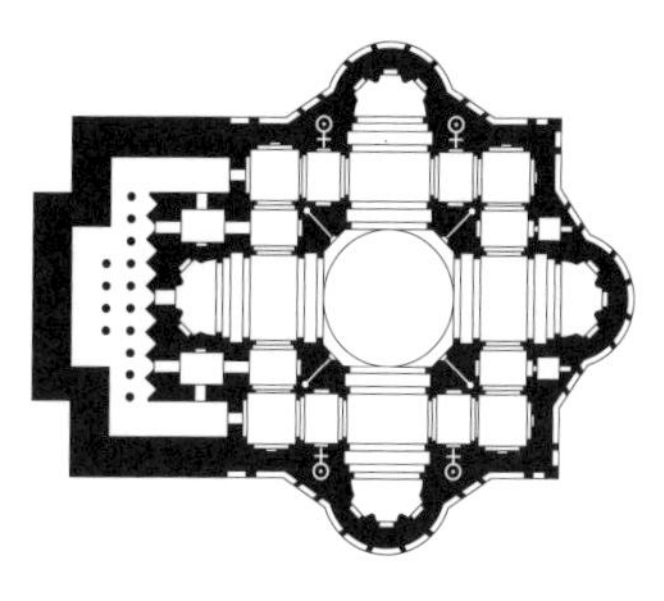

す。

初期のキリスト教会では、**「バシリカ」**と呼ばれるプラン（平面構成の基本的な計画）が採用されていました。長方形の一辺が半円形に張り出しているのが、バシリカの特徴。古代ローマでは、裁判所や市民の集会場として大きなバシリカが建てられましたが、それがやがてキリスト教会の基本形になります。長方形と直角に交差する廊下を加えて、上から見ると十字架のように見えるプランも出てきました。これを**「ラテン十字形」**といいます。

東ローマ帝国のビザンチン建築では、そのバシリカの平面に半円球のドームを載せるのが主流になります。のちにキリスト教の寺院としても使われたローマのパンテオンがそうだったように、円や正六角形、正八角形などのプランによる建築自体は昔からありました。それを**「集中式」**といいます。ビザンツ建築の教会は、バシリカと集中式を組み合わせたものといえるでしょう。

その代表が、いまもトルコのイスタンブールに残る**ハギア・ソフィア**（聖なる叡智、という意味）です。最初に建設したのはコンスタンティヌス1世で、献堂は360年。その後、火事や地震で何度も崩壊し、増改築がくり返されました。

現存のハギア・ソフィアは、ユスティニアヌス1世が537年に献堂したもの。半球系のドームがかぶせられたのも、このときです。長方形の平面に半球型のドームをかぶせる

ビザンツ建築を代表する「ハギア・ソフィア」(537)

「ハギア・ソフィア」断面図

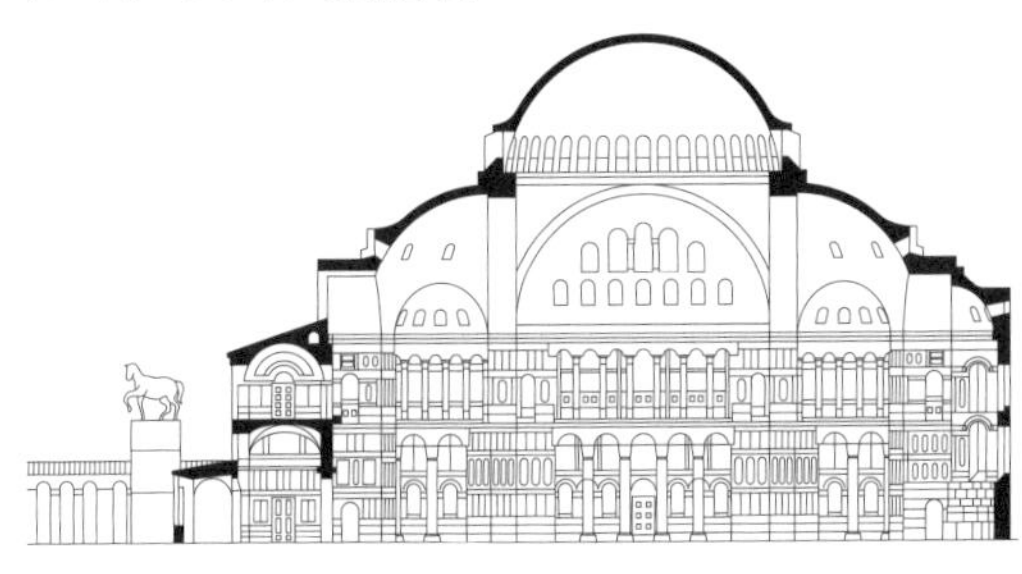

「ハギア・ソフィア」平面図

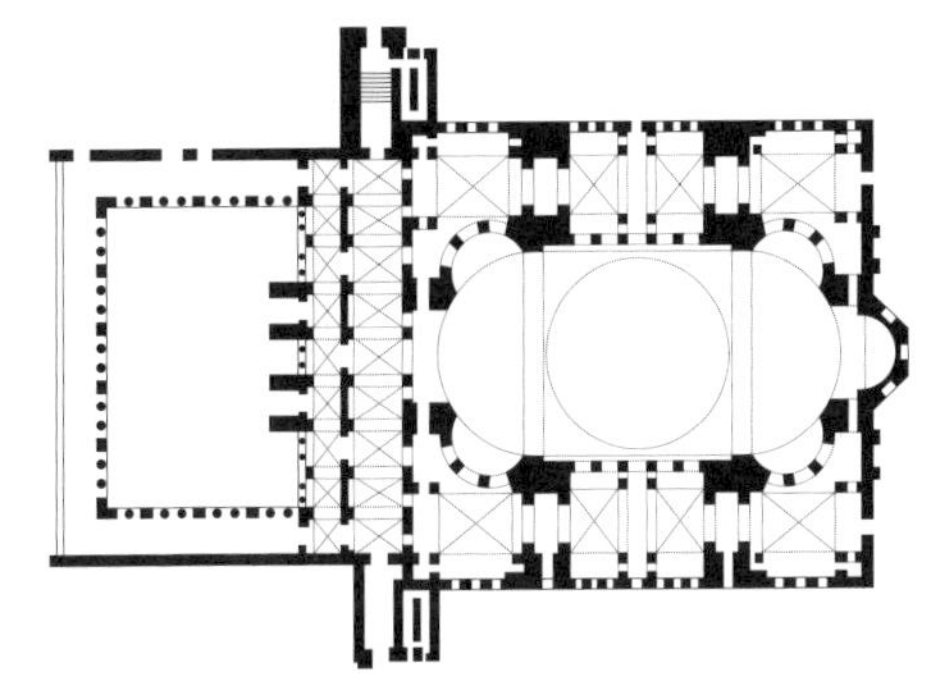

のは技術的に困難ですが、このときは平面を正方形にしてそれに外接する形で半球をかぶせました。長方形のラテン十字形に対して、こちらを**「ギリシャ十字形」**といいます。内部から見ると、そこにかぶせた半球が丸天井。しかし、外から見えるドームは、その半球

のまわりに柱を立て、その上にさらに載せたものです。

イスラム建築にも影響を与えたハギア・ソフィア

時代は大きく下りますが、ハギア・ソフィアの完成からおよそ900年後の1453年、オスマン帝国によってコンスタンティノープルが陥落し、東ローマ帝国は滅亡しました。これによって、ハギア・ソフィアにはミナレット（イスラム教の施設に特有の尖塔）などが加えられ、**イスラム教のモスクに転用**されます。

これがイスラム建築に大きな影響を与え、それ以降、ドーム状のモスクが次々と建てられました。そのため「イスラム教のモスクは丸いのが特徴」のように思われがちなのですが、決してそんなことはありません。

本来、イスラム教のモスクは細長い形のものが大半でした。その長い壁面の向こう側に聖地メッカがあるので、信者たちはその壁沿いに敷かれた絨毯の上に並んで、お祈りをする。でもオスマン帝国の人たちは、きっとハギア・ソフィアの美しさを見て「こういうのもいいな」と感じたのでしょう。キリスト教とイスラム教は対立するものだと考えやすいですし、実際そういう面もありますが、イスラム建築は征服した土地の建築スタイルを積

セデフカル・メフメト・アガ「アフメディエ・ジャーミ」(1617)。
ハギア・ソフィアの影響を受けた。その美しさから「ブルー・モスク」と呼ばれる

極的に取り入れました。

ハギア・ソフィアの影響を受けたモスクとしていちばん有名なのは、1617年に完成したイスタンブールの**アフメディィエ・ジャーミ**(アフメト1世のモスク)でしょう。直径23・5メートルもある大きなドームの内壁にほどこされた青い装飾タイルが印象的なので、**「ブルー・モスク」**という通称で親しまれています。

このブルー・モスクを設計した宮廷建築家**セデフカル・メフメト・アガ**は、オスマン帝国史上最高の建築家と呼ばれる**ミマール・シナン**の弟子筋にあたる人物でした。ちなみに「ミマール」は名前ではなく、「建築家」を意味するトルコ語。この呼び名にも、その業績に対する敬意が込められているわけです。

シナンの代表作のひとつは、イスタンブールの

丘の頂上にある**スレイマン・モスク**。オスマン帝国第10代スルタン（在位1520－1566）のスレイマン1世が命じたもので、1557年に完成しました。高さ53メートルのドームと高さ64メートルのミナレット4本を持つ堂々たるイスラム寺院です。

スレイマン1世の求めた巨大なドームをつくるために、シナンは画期的な建築方法を編み出しました。柱だけで大きなドームを支えるのは困難なので、小さなドームや中くらいのドームを組み合わせ、その上に大きなドームをかぶせる構造にしたのです。この手法が弟子たちにも受け継がれ、ブルー・モスクのような大きなドームを持つモスクが次々と建設されました。高さ58メートルの大ドームで有名なインドのタージマハルの設計にも、シナンの弟子が関わっています。

ロマネスクからゴシックへ

話を中世に戻しましょう。東ローマ帝国でビザンツ建築が広まる一方、西ヨーロッパでは11世紀から12世紀にかけて**「ロマネスク」**と呼ばれる建築様式が生まれました。その名のとおり、**ローマ建築への回帰**を指向する動きです。

ロマネスク建築の特徴は、**重厚な壁と半円形のアーチ**です。とくにカマボコのような形

ロマネスク建築の代表作、ピサの大聖堂（13世紀）

状の**「ヴォールト（穹窿）」**と呼ばれる天井がよく見られます。

その代表作とされるのは、**イタリアのピサの大聖堂**です。1064年にギリシャ人建築家が設計して起工しましたが、ファサード（建物の正面の装飾）が完成して竣工したのは13世紀のことでした。

その鐘楼として建てられたのが、ガリレオ・ガリレイが鉄球を落とす実験を行なったという伝説のある「ピサの斜塔」（実際には実験していないという説が有力）。観光客には斜塔のほうが人気かもしれませんが、大聖堂も西洋建築史上の重要物件なので、じっくり眺めてほしいところです。

このロマネスク建築が次の**ゴシック建築**に発展した背景には、ひとつの技術的な発明がありました。ロマネスク建築では側廊の屋根裏にアーチが隠されていましたが、ゴシック建築ではそれを側廊の屋根より高い位置に移し、空中にアーチを架けて外壁を補強しています。これは

ノートルダム寺院の「フライング・バットレス」

「フライング・バットレス」と呼ばれるもの。この構造技術によって、ロマネスク時代よりもはるかに**天井の高い建物**をつくることができるようになりました。

また、フライング・バットレスで補強すると、建物の重さを支えるためにロマネスク建築のような重厚な壁は必要ありません。壁を薄くできるので、ゴシック建築では窓を大きく取れるようになりました。

それによって多くの教会で取り入れられたのが、**ステンドグラス**です。ローマのパンテオンは天井の丸い穴から外光を射し込ませていましたが、カラフルなステンドグラスを通して射し込む光は、また格別。しかもステンドグラスには聖書の物語が描かれていますから、宗教的な演出効果はきわめて高い。天井の高い空間にきらびやかな光が射し込み、そこでパイプオルガンが荘厳な響きを奏でれば、人々はまさに天にも昇るような恍惚感を味わうことができるのです。

この時代のフランスは、農業技術の発達によって農村で仕事を失った人たちが、都市部に移住しました。しかし彼らの大半は読み書きができず、聖書に何が書かれているかも知りません。

そのため教会としては、布教のために聖書の物語を「絵」で表現する必要がありました。そういう宗教的なニーズと技術の進歩が重なって、**ゴシック建築はおもに教会で発展した**のです。ステンドグラスで彩られたゴシック聖堂は、**「石の聖書」**とも呼ばれました。

そんなゴシック建築の名品としていちばんよく知られているのは、2019年に起きた大規模な火災で尖塔などが焼失してしまった**パリのノートルダム寺院**や、**ロンドンのウエストミンスター寺院**、パリ近郊の**サン＝ドニ大聖堂**やドイツの**ケルン大聖堂**など、この時代の有名教会は数え上げればキリがありません。

その中でも、「高さ」という点では**ケルン大聖堂**が圧巻です。600年以上かけて建設されたもので、2つの尖塔の高さはおよそ157メートル。ゴシック建築の特徴である**「天に向かって伸びる垂直性」**の極致がここにあるといえるでしょう。

空間の美しさという点では、フランスのシャルトル大聖堂とアミアン大聖堂が高く評価されていますし、僕自身も深く印象に残っています。まだ建築を学び始めたばかりだった大学2年のとき、ヒッチハイクでヨーロッパをあちこち見て回ったときに、この2つの教会には大いに感激しました。

ゴシック建築の空間の美しさが特徴、
「シャルトル大聖堂」

ゴシック建築の特徴「垂直性」の極致、
「ケルン大聖堂」

シャトル大聖堂の内部

フランス最大のゴシック建築、
「アミアン大聖堂」

シャルトル大聖堂は、9世紀に建築が始まったときはロマネスク様式だったそうです。しかし1194年の火災で多くの部分が焼失してしまいました。そこからゴシック様式で再建が始まり、1220年に完成（内部は1221年に完成）。彫刻やステンドグラスなどのほとんどが12〜13世紀の様子をそのまま残しており、のちに19世紀を代表する彫刻家のロダンに「フランスのアクロポリス」と讃えられています。

北フランスの**アミアン大聖堂**は、フランス国内では最大規模のゴシック建築。全長は145メートル、身廊（入口から祭壇にかけて続く中央のスペース）の天井も42・3メートルとなっています。その空間を彩るステンドグラスは、まさに息を呑むような美しさ。中世のヨーロッパをリアルに感じられる場所だと思います。

第 2 章

近世

ルネサンス、マニエリスム、
バロック、ロココ

ルネサンス建築の先駆者ブルネレスキ

西洋史では、かつてヨーロッパの中世を「暗黒時代」と呼んでいました。古代ギリシャ・ローマの文化が没落した後、教会や領主などの圧迫によって文化や経済などの発達が停滞した時代――といった意味合いです。

近年は中世社会の実態がいろいろと見直されたこともあって、その呼び方に否定的な人も多いようですが、「暗黒」だったかどうかはともかく、キリスト教の聖書が世の中の価値観に大きな影響力を持っていたことはたしかでしょう。その息苦しい社会をリセットすべく、ギリシャ・ローマの文化を復興しようとしたのが、14世紀にイタリアで始まった**「ルネサンス」**という運動です。

西ローマ帝国の滅亡以降、イタリア半島には全体を統一する王朝がありませんでした。いくつもの都市国家に分裂していたわけですが、だからこそルネサンスという新しい文化の潮流の発信源となることができたのでしょう。

たとえばフランスは1789年のフランス革命までさまざまな王家による支配が続きましたが、イタリアの都市国家では、メディチ家のような貴族たちが貿易をはじめとする商売によって力をつけました。彼らが芸術家や知識人などのパトロンとなることで、キリスト教だけに支配されていた中世とは異なる文化的基盤ができたのだろうと思います。

建築の分野では、レオナルド・ダ・ヴィンチやミケランジェロなど世界史の教科書に載るようなビッグネームの建築家が登場したのがルネサンスの時代です。ゴシック建築までの時代にも個々の建築家が活躍してはいましたが、ルネサンス以降、いわば「表現者」としての建築家の個性が前面に出てきたといえるでしょう。

ただ、ルネサンス建築の先駆者となった建築家の名は、大学の建築学科では必ず教わるものの、一般的にはあまり広く知られていないかもしれません。

その名を、**フィリッポ・ブルネレスキ**（1377―1446）といいます。

ルネサンス建築の先駆者となる以前に、彼はその後の建築によく使われる手法を初めて手がけた人物としても歴史に名を残しました。

3次元の立体的な建物を、遠近法によって見えているような形で2次元の平面に描くことを「透視図法」といいます。建築用語では「パースペクティブ」を略して「パース」と呼びますが、平面の設計図だけではどんな全体像になるのかが直感的にわかりにくいので、立体的に描いた完成予想図としてこれは欠かせません。

ブルネレスキは、本格的に建築家として活躍する以前に、11世紀に建てられた**サン・**

ジョバンニ洗礼堂などを透視図法で描きました。それが、**世界で最初の透視図法による作図**だとされています。

最初のルネサンス建築は孤児収容施設

フィレンツェの金細工職人だったブルネレスキは、のちにローマに何度も滞在して古代遺跡の調査をしながら建築を学びました。そこで**彼が発見したのが、ギリシャ・ローマ建築の特徴である「オーダー」です。**

オーダーについては、その1500年前にウィトルウィウスが『建築十書』で整理しているので、正確には「再発見」というべきでしょう。でも、芸術や文化のさまざまな分野でギリシャ・ローマ文化の「再生」が求められていた時代に、建築の分野でそれを最初に掘り下げたのはブルネレスキでした。ドリア式、イオニア式、コリント式の柱頭の違いやその構造に秩序だった美しさを見出した彼は、その様式を自分自身の設計によって復活させることで、ルネサンス建築の先駆者となったのです。

その建築家としての最初の作品は、神殿でも教会でもありません。ここまでお話ししてきた建築史の流れからすると意外に思われるでしょうが、それは**「捨子保育院（ロ・スペ**

ダーレ・ディ・サンタ・マリーア・デッリ・インノチェンティ）」でした。ブルネレスキが所属していたフィレンツェの絹織物業組合が運営する孤児収容施設です。

この施設は完成するまでにさまざまな建築家の手で設計が変更されましたが、ブルネレスキが設計したアーケードは、明らかに古代風。コリント式の柱頭をもつ細長い柱をはじめ、半円形の9つのアーチやパーツ同士の比例関係など、ギリシャ・ローマ建築の基本構造を踏まえたものになっています。これが最初のルネサンス建築となり、その後の建築に大きな影響を与えることになりました。

そんなブルネレスキの代表作とされるのは、フィレンツェにある**サンタ・マリア・デル・フィオーレ大聖堂のドーム**。大聖堂そのものは、ブルネレスキが生まれる80年ほど前の1296年に建設が始まっていました。ブルネレスキが最初に透視図法で描いたサン・ジョバンニ洗礼堂もこの宗教施設の一部です。

最初のルネサンス建築。
ブルネレスキ「捨子保育院」(1445)

ブルネレスキの代表作、「サンタ・マリア・デル・フィオーレ大聖堂」のドーム（1434）

その工事の最後の仕上げともいえるドームの設計案が公募されたのは、1418年のこと。すでにドームの基部はつくられていましたが、そこからドームをつくるには巨大な足場と仮枠が必要とされ、技術的に難しい状態になっていたようです。

このコンペには4人の建築家が応募し、二重構造のドームを仮枠なしで建造するアイデアを提案したブルネレスキが選ばれました。

専門的な説明は省きますが、ここでブルネレスキは構造の強度を保ちながら全体の重量を軽くするために、さまざまな工夫をしています。そのおかげで、ドームは1434年に完成。これは、**世界で初めて木の仮枠を組まずにつくられたドーム**でした。古代風のデザインを復活させただけでなく、ブルネレスキは建築技術の面でも新しい試みを成功させた、ルネサンス期の偉大なパイオニアなのです。

次々とリレーされた『建築十書』というバトン

ブルネレスキがルネサンス建築の扉を開いて以来、イタリアでは次々と有力な建築家が登場しました。まず、古典主義の建築理論を築く上で大きな貢献を果たしたのは、**レオン・バティスタ・アルベルティ**（1404－1472）です。

アルベルティ家はフィレンツェから追放されてジェノバに亡命していましたが、1428年、アルベルティが24歳のときに追放令が解除され、フィレンツェに戻りました。そこでブルネレスキの建築を目にしたアルベルティは、彫刻や絵画を含めた芸術理論への関心を深めます。教皇庁の書記官となった彼は、詩学から音楽理論にいたるまで幅広い分野を研究。とくに古代の遺跡研究に基づく建築や測量術などの分野で大きな功績を残したといいます。

そして15世紀の半ばには、ルネサンス期の最初の建築書となった『建築論』を執筆します。これはウィトルウィウスの『建築十書』にならって10の文書で構成されました。ウィトルウィウスが整理したギリシャ建築のオーダーは3種類でしたが、アルベルティは5種類のオーダーを古典様式の基本と見なしています。その様式と、黄金比などに代表されるバランスによって建築の「美」が支えられるというのが、アルベルティの理論でした。

古代ローマで生まれた『建築十書』というバトンがブルネレスキからアルベルティにリレーされたわけですが、これはさらに**ジュリアーノ・ダ・サンガッロ**（１４４５－１５１６）によって引き継がれます。この人は終生、ブルネレスキに始まる初期ルネサンス様式を守り続けました。その手腕がメディチ家の目にとまり、ポッジョ・ア・カイアーノという町にある同家の別荘の設計も行なっています。

サンガッロ家は建築家一族で、ジュリアーノの弟と甥も有名な建築家でした。どちらも「アントニオ」という名なのでちょっと紛らわしいのですが、甥のアントニオ・ダ・サンガッロ・イル・ジョヴァネのほうは、またのちほど名前が出てきます。

多くの有名建築家が関わったサン・ピエトロ大聖堂の改築

さて、現在のバチカン市国には、カトリック教会の総本山である**サン・ピエトロ大聖堂**があります。ローマ帝国の皇帝として初めてキリスト教を公認したコンスタンティヌス１世によって創建されたのは、３２４年のこと。**当時は現在のようなドームのないバシリカの教会**でした。

それが現在の姿になったのは、１６２６年。ただし、それが完成するまでには長い年月がかかりました。ここには、イタリア・ルネサンス建築を代表する有名建築家たちがその設計に関わっています。**サン・ピエトロ大聖堂にはルネサンス建築の歴史が凝縮されている**ので、詳しくお話ししましょう。

老朽化した大聖堂の建て替えを最初に考えたのは、15世紀の**教皇ニコラウス５世**（在位１４４７－１４５５）です。創建から１０００年以上も経っていたのですから、相当な傷み具合だったでしょう。

その再建に関わったのが、『建築論』の**アルベルティ**でした。彼がニコラウス５世といっしょに立案したローマ復興計画の中に、大聖堂の再建も含まれていたのです。しかしニコラウス５世が退位すると、工事は中断してしまいました。

再びサン・ピエトロ大聖堂の改築が動き始めたのは、およそ半世紀後の１５０５年。改築を決めたのは、**教皇ユリウス２世**（在位１５０３－１５１３）です。

当初は小規模の改築のつもりでしたが、**ジュリアーノ・ダ・サンガッロ**が提案したアイデアがもとになって、全面的な建て替えを行なうことになりました。初期ルネサンス建築を支えたアルベルティとジュリアーノが、いずれもサン・ピエトロ大聖堂の再建に関わっていたわけです。

ただしこの時代には、彼らのような建築手法がすでに保守的な古いものだと思われるようになっていました。そこで新しい風を吹かせるために、主任建築家を選ぶためのコンペが実施されます。

主任建築家として選任されたのは、**ドナト・ブラマンテ**（１４４４－１５１４）でした。こちらも一般的にはあまり知られていないと思いますが、のちに**「イタリア盛期ルネサンス最高の建築家」**と評された人物です。

レオナルド・ダ・ヴィンチ（１４５２－１５１９）とも交流がありました。ダ・ヴィンチの「最後の晩餐」は、ブラマンテが改築した**サンタ・マリア・デッレ・グラーツィエ教会**の壁画として描かれたものです。

サン・ピエトロ大聖堂再建のリーダーとなったブラマンテは、当時としてはかなり大胆な計画を提案したと考えられています。そのまま実現することはありま

「サン・ピエトロ大聖堂」平面図

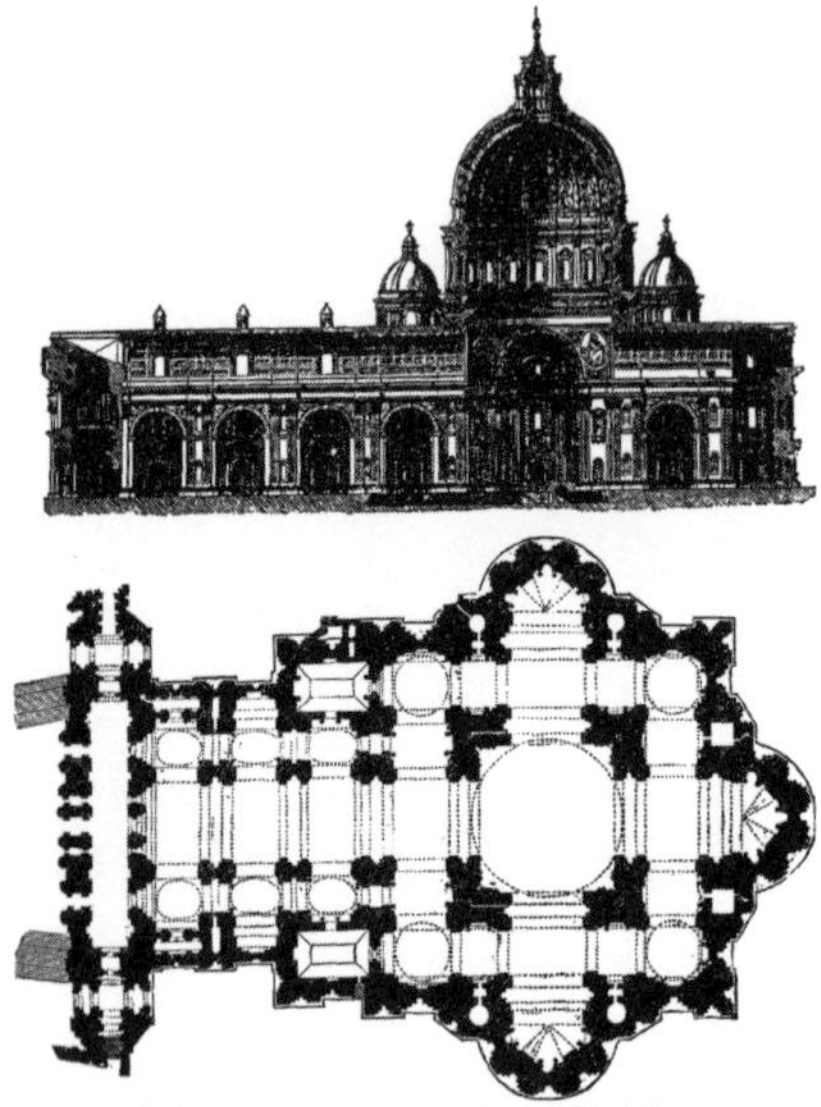

Fig. 4 und 5. Längenſchnitt und Grundriß von St. Peter in Rom.

せんでしたし、残された史料も多くないのでわからない部分も多いのですが、彼は**中央に大きなドームを持つギリシャ十字形（上から見ると正方形の十字型）のプラン**を考えました。

この**回転対称の集中式プランは、数学的な調和を重視**したものであり、**半球型のドームは宇宙を象徴**するものだったと評されています。保守的な古典主義にとどまらない新しい「美」を追求したものだったのでしょう。ガリレオ・ガリレイが初めて月に天体望遠鏡を向けたのはそれから100年ほど後のことですが、ブラマンテの頃にはすでに科学への関心のようなものが生まれていたのかもしれません。

しかしブラマンテの大胆な設計は、柱の強度が足りないなど技術的に困難な点が多かったようです。そのため工事はなかなか進まず、ユリウス2世もブラマンテもその途中で亡くなってしまいました。

ラファエロ亡き後は宗教改革もあって工事は中断

ユリウス2世の次に教皇となった**レオ10世**（在位1513－1521）が主任建築家として選んだのは、**ラファエロ・サンティ**（1483－1520）です。フルネームだとピンと来ないかもしれませんが、これは「システィーナの聖母」などの絵画作品で超有名なあのラファエロのこと。画家としての実績のほうがよく知られていますが、建築家としてもさまざまな仕事をしていました。

このとき、レオ10世は**ジュリアーノ・ダ・サンガッロ**をラファエロの補佐役としてつけましたが、ジュリアーノは間もなく死去してしまいます。そのため、ジュリアーノの甥の**アントニオ・ダ・サンガッロ**が補佐役を引き継いでいます。

ブラマンテの集中式プランは工事が難しい上に使い勝手の悪さもあったため、ラファエロは設計を変更し、**長方形の古典的なラテン十字形プラン**を採用しました。ところがその工事もなかなか進まず、ラファエロは１５２０年に死去。レオ10世も翌年に亡くなってしまい、また改築工事はストップします。

ちなみに、そのレオ10世のやったことが引き金になったのが、**マルティン・ルターによる宗教改革運動**でした。まさにサン・ピエトロ大聖堂の建築資金という名目でレオ10世が発売したのが、いわゆる「免罪符」（正式には「贖宥状（ゆうしょくじょう）」）。「お金で神の許しが買えるとは何事だ！」というわけで、ローマ教会への抗議活動が始まったのです。

そんな逆風に加えて、１５２７年には神聖ローマ帝国の**皇帝カール5世による「ローマの略奪」**という事件も起きました。建築中のサン・ピエトロ大聖堂も被害を受けています。そんなこんなで、大聖堂の建設は進みません。

やっと工事が再開されたのは、１５３６年頃でした。そのときラファエロから主任建築家を引き継いでいたのは、補佐役だったアントニオです。彼は、ブラマンテのギリシャ十字形とラファエロのラテン十字形を合わせたような**折衷案**を考えました。

しかしその木製モデルを完成させただけで、１５４６年に亡くなってしまいます。その後任として指名された**ジュリオ・ロマーノ**という建築家も直後に死去しました。どういうわけか、この仕事に関わる建築家は次々とあの世へ行ってしまいます。

ミケランジェロ登場

しかしここで、千両役者とも呼べる男がこのビッグ・プロジェクトを救うため（?）に立ち上がりました。すでに72歳になっていた、あの**ミケランジェロ**（１４７５−１５６４）です。

ミケランジェロといえば、「ダビデ像」や「システィーナ礼拝堂天井画」など、彫刻や絵画のスーパースターという印象が強いかもしれません。しかし建築家としても、重要な作品をいくつも残しています。

そのひとつが、**教皇クレメンス7世**の依頼によって、フィレンツェでもっとも古い教会

マニエリスム様式の代表作。
ミケランジェロ「ラウレンツィアーナ図書館」(1571)

のひとつであるサン・ロレンツォ大聖堂の付属施設としてつくられた**ラウレンツィアーナ図書館**です。これは、メディチ家の私設図書館でした。

この設計でとくに高く評価されているのは、**直線と曲線を組み合わせた階段**です。1階、2階、3階の高さなど建物全体のプロポーションは『建築十書』的な古典主義に基づいていますが、この階段や下のほうになるほど細くなる装飾用の柱などには、従来のルネサンス建築にはない新しいアイデアが施されています。

のちに、このラウレンツィアーナ図書館は**「マニエリスム様式」の代表作**といわれるようになりました。美術や文学などの分野でも使われるマニエリスムという言葉は、「マンネリズム」と同じ意味なので、一般的にはややネガティブなニュアンスがなくもありません。古い様式から新しい様式に変わる過程で、まだ古いものを引きずっている過渡期のよ

ミケランジェロの代表作。「カンピドリオ広場」

うな段階ともいえるでしょう。

ルネサンス建築のマニエリスムも、やがて訪れる「バロック」の時代に向けた架け橋のようなものかもしれません。とはいえ、存在感は十分にあります。ブラマンテまでの古典主義的なものを残しながらも、新しい工夫を凝らした時代でした。

建築家としてのミケランジェロの代表作としては、もうひとつ、**カンピドリオ広場**を忘れてはいけません。「ローマ七丘」の中でももっとも高い丘につくられた広場で、中央に置かれたマルクス・アウレリウス像を取り巻くように、美術館や宮殿などが建っています。

この広場を設計したミケランジェロは、**1本の対称軸線を設定することによって、それぞれ形の違う複数の建物群に統一感を与えました。**このような空間の構成は、のちのバロック建築の特徴のひとつです。そのため、マニエリスムの代表作となったラウレンツィアーナ図書館に対して、こちらのカンピドリオ広場は**史上初の「バロック的広場」**とも評価されるようになりました。ミケランジェロは、ルネサンス建築が大きく変化した時代を象徴する建築家だといえるのではないでしょうか。

老朽化した旧聖堂をどうするか

サン・ピエトロ大聖堂の主任建築家を受任したとき、ミケランジェロはすでに72歳になっていました。いまの僕とあまり変わらない年齢です。最初は断ったそうですが、この大任を（しかも無給で）引き受けてからはエネルギッシュに仕事をしました。

ミケランジェロはまず、アントニオの折衷案をもともとブラマンテが提案していた**集中式**に戻します。これはそもそも技術的に難しいから工事が進まなかったわけですが、ミケランジェロはすでにできあがっていた部分の半分以上を壊して、全体の規模を小さくしました。それによって、工事のスピードアップを図ったのです。

しかしそれでも、ミケランジェロが88歳で亡くなった1564年までにできあがったのは、ドームの下部構造まででした。その後は資金不足もあってまた工事が停滞しましたが、16世紀の終盤からはローマ全体の都市計画が積極的に行なわれ、サン・ピエトロ大聖堂の工事もさまざまな建築家に受け継がれながら進められました。

そして**1626年、ようやくサン・ピエトロ大聖堂は完成**します。現在のバチカンで見られる大聖堂は、いくつか後で計画が変更された部分はあるものの、基本的にはミケランジェロが考えたものだと思っていいでしょう。

ニコラウス5世がアルベルティの力を借りて再建を計画したのは、15世紀後半のことでした。それが17世紀に入ってようやく実現したのですから、明治維新の頃に生まれたアイデアが令和の世になってやっと形になったようなものでしょうか。

なんとも息の長い話ですが、じつはまだ続きがあります。大聖堂の正面には老朽化した旧聖堂が残っており、これも何とかしなければいけません。「貴重な遺産として残すべきだ」という意見も強かったようですが、あまりにも老朽化がひどかったため、大聖堂の完成に目処（めど）がついた1605年に取り壊しが決まります。

とはいえ、壊すだけでは済みません。翌年には、**大聖堂の最終的な建築計画を決めるべく8人の建築家によるコンペ**が行なわれました。

仕上げはバロック建築の天才ベルニーニ

ここで選ばれたのは、**カルロ・マデルノ**（1556－1629）です。彼が改修を手がけた**サンタ・スザンナ教会**のファサードは、**マニエリスム様式からバロック様式への変化を**

象徴する作品のひとつとされています。その仕事が教皇の目にとまったことで、彼はサン・ピエトロ大聖堂の主任建築家に任命されました。

つまり、この大聖堂の改築計画はここから**「バロック期」**に入ったといえるでしょう。「バロック」の語源は**「歪（ゆが）んだ真珠」**という意味のポルトガル語です。もともとはゴテゴテとした装飾の多い建築に対する悪口でした。もちろん、バッハやヴィヴァルディなどの「バロック音楽」もそうであるように、現在は単にその時代の様式を指す言葉になっています。

マデルノに与えられた課題は、旧聖堂を解体し、ミケランジェロの計画を修正して本堂とファサードを拡張することでした。そこでマデルノは、ミケランジェロが設計したギリシャ十字形の大聖堂に身廊を加えて**ラテン十字形に変更**。列柱だけだったファサードは、華麗に装飾されたバルコニーに生まれ変わりました。

こうして大聖堂は完成し、**ウルバヌス8世**（在位1623－1644）によって1626年に献堂式が行なわれます。しかしその後も、装飾や周辺施設などの整備が行なわれました。ウルバヌス8世の命を受けて最後の仕上げに取り組んだのは、イタリア・バロックを代表する建築家であり、彫刻家、画家、劇作家などでもあった**ジョバンニ・ロレンツォ・ベルニーニ**（1598－1680）です。

「ベルニーニはローマを必要とし、ローマはベルニーニを必要とする」

ウルバヌス8世がそんな言葉を残したほど、ベルニーニは当時のローマにとって重要な存在でした。歴代教皇に重用された彼は、建築や彫刻などの作品によってローマ全体を飾ったといっても過言ではありません。

彼がサン・ピエトロ大聖堂で行なった仕事の中でも特筆されるべきは、**大聖堂前面にある楕円形広場に建てた列柱廊**でしょう。**4列のドリア式円柱と140体の聖人像で飾られた壮麗な柱廊**です。

この広場の空間的な構成は、かつてミケランジェロがカンピドリオ広場で試みたアイデアを受け継ぐようなものでした。大聖堂の屋上から見ると、その工夫がよくわかります。1本の軸線に沿って道がまっすぐに延び、遠近法の視覚的効果によってそれがとても長く感じられる。向こう側から見上げると、これは大聖堂の高さを強調する効果も生んでいます。ベルニーニが亡くなった1680年までに、サン・ピエトロ大聖堂はほぼ現在の姿になっていました。

「アパートみたい」なパラッツォ・ファルネーゼは何が面白いのか

ここまで見てきたように、サン・ピエトロ大聖堂の再建にいたるまでの道のりには、古典主義からバロックまでのルネサンス建築の歩みが詰め込まれています。とはいえ、この大聖堂だけでルネサンス建築を語ることはできないので、あらためて古典主義の時代から始めて、ルネサンスの面白い建築作品を紹介しておきましょう。

まず、前にも名前の出た**アントニオ・ダ・サンガッロ**が設計し、彼の死後は**ミケランジェロ**による増築や計画変更を経て1589年に完成した**「パラッツォ・ファルネーゼ（ファルネーゼ宮）」**。**枢機卿アレッサンドロ・ファルネーゼ**（のちのローマ教皇パウルス3世。在位1534－1549）の邸館（＝パラッツォ）としてつくられたもので、現在は**フランス大使館**として使われています。

写真をパッと見ただけだと、そんなに面白いとは感じないかもしれません。建築に疎い僕の知人も、「いまならどこにでもあるアパートみたい」などといっていました。気持ちはわからなくもありません。

しかし19世紀イギリスの建築史家バニスター・フレッチャーは、このパラッツォ・ファ

「パラッツォ・ファルネーゼ（ファルネーゼ宮）」（1589）

ルネーゼを**「16世紀のイタリア建築においてもっとも壮大で素晴らしい建築である」**と評しました。こういう過去の建築スタイルが、現在のアパートやマンションにも脈々と受け継がれているわけです。

いまのアパートと似たような印象を受けるのは、同じようなサイズのものがずらりと並んでいるからでしょう。でも、それこそがこの建築の最大の特徴です。入口を中心に全体が左右対称で、同じような開口部が反復している。それがこの建築の力強さを生んでいます。見る者を圧倒するような、堂々たるメッセージがあるのです。

また、よく見ると1階、2階、3階の開口部はまったく同じではありません。とくに注目してほしいのは、窓の上の庇（ひさし）の形状です。1階はただの直線ですが、2階は三角、円弧、三角、円弧……という順番で並んでいます。その上の3階はすべて三角ですが、開口部が2階よりも狭くなり、三角の底辺が切れた形になっています。1階は基壇なので落ち着きを感じさせ、2階ではリズミカルにステップを踏みながら上に昇るイメージ。そして3階では、空に向かってロケットみたいにシュッと飛んでいくような雰囲気を感じませんか?

水平な3階建てにそういう垂直性を与えているのが、この設計の面白いところです。**1階はアントニオ、2階と3階はミケランジェロが設計**しました。

また、屋根がフラットで軒がかなり前面に飛び出しているのも、全体の構成を整える上で大切なところでしょう。これが少ししか出ていないと、水平性と垂直性のバランスが乱れてしまう。さらに、この軒が壁面につくる影によって、建物の立体的な存在感がより増すように僕には感じられます。そうやって、細部と全体に目を配りながら自分なりに「読み」を深めていくと、建築ウオッチングはどんどん楽しくなっていくのです。

「保守本流」でありながら大胆さもあったパラディオのマニエリスム

次に、マニエリスムの時代に登場して、後世にも大きな影響を与えた建築家をご紹介しましょう。その名は、**アンドレア・パラディオ**(1508−1580)。サン・ピエトロ大聖堂には関わっていないので、ここまで名前が出てきませんでしたが、のちに18世紀後半の

アンドレア・パラディオ「ヴィラ・ロトンダ(ヴィラ・アルメリコ・カプラ)」(1591)

フランスで「新古典主義」が始まったとき、ウィトルウィウスやアルベルティと並んで**ギリシャ・ローマ建築の権威**と見なされたのがパラディオです。

それもそのはずで、パラディオは30代の頃にローマを訪れ、ウィトルウィウスの『建築十書』を片手に古代建築を研究しました。60歳を過ぎてから は、自ら『**建築四書**』という古典建築の研究書も出版。いわば「保守本流」のような存在です。

たとえば、ヴィチェンツァ郊外にある彼の代表作「**ヴィラ・ロトンダ**」(**正式名称はヴィラ・アルメリコ・カプラ**)。「ロトンダ」とは、円形もしくは多角形プランの建物のことです。これは、ローマ教皇庁から引退した司祭パオロ・アルメリコが生まれ故郷に建てた住宅なので、宗教建築ではありません。

アンドレア・パラディオ
「バシリカ・パラディアーナ」(1614)

しかしパラディオは、まさにギリシャ・ローマの神殿を思い起こさせるものを設計しました。正方形の平面の中央にドームを載せ、4面にはいずれも同じ形状のギリシャ神殿風の玄関。僕も現地に行って見たことがありますが、左右対称の幾何学的な美しさを持つ住宅です。

とはいえ彼が活躍したのはマニエリスムの時代ですから、「保守本流」とはいえ、ルネサンス建築としては新しい試みもありました。

とくに注目されるのは、**ペディメント**。日本の建築では**「破風（はふ）」**と呼ばれる、切妻屋根の三角形の部分です。古代の神殿では当たり前のパーツですが、これを一般の住宅につけること自体がかなり大胆なチャレンジでしょう。

また、それまでルネサンス建築のペディメントは彫刻による装飾が簡素になっていましたが、パラディオはかなり大胆に彫刻を使いました。その後ルネサンス建築は華麗な装飾に彩られるバロック期を迎えますが、これはそこに向けた第一歩といえるかもしれません。

アンドレア・パラディオ「パラッツォ・キエリカーティ」（17世紀末）

同じヴィチェンツァにある公会堂**「バシリカ・パラディアーナ」**も、彼の名が冠されていることからもわかるとおり、パラディオが手がけた名作のひとつです。中世に建てられたゴシック様式の公会堂（バシリカ）を囲むアーケードをパラディオが設計したので、そう呼ばれるようになりました。

これの見どころは、**梁を支える大きな柱と、開口部のアーチを支える小さな柱**。柱のデザインは古代ギリシャ風ですが、大小2対の柱を並べるのは斬新な試みです。これによって、パラッツォ・ファルネーゼ2階の三角、円弧、三角、円弧……と同様、リズミカルな反復性が生まれました。ギリシャ・ローマ建築、ゴシック建築、そして**ルネサンス建築のマニエリスムのテイストを一度にまとめて味わえる楽しい空間**です。

もうひとつ、やはりヴィチェンツァにある**「パラッツォ・キエリカーティ」**もパラディオの面白さがわかる建物。もともとはジェローラモ・キエリカーティという伯爵の邸宅として建てられ、その後、市立絵画館となりました。

1階はドリア式、2階はイオニア式の円柱が見られるなど、ギリシャ建築風のアイテムが使われていますが、先ほどのバシリカ・パラディアーナと違って、こちらは開口部のアーチがありません。ヴィラ・ロトンダのような大きいペディメントもなし。全体に直線的で、力強い印象を受けます。屋上にいろいろな彫刻を並べるのもギリシャ建築風ですが、個人の邸宅にしては仰々しい。これも、**マニエリスムの時代ならではの思い切ったデザイン**のように感じられます。

「これぞバロック」の サン・カルロ・アッレ・クワトロ・フォンターネ聖堂

それに続くバロック建築には、代表的な建築家が3人います。すでにサン・ピエトロ大聖堂の話で名前の出た**マデルノ**と**ベルニーニ**、そしてマデルノの親類でもあった**フランチェスコ・ボッロミーニ**（1599－1667）です。

ボッロミーニも、ベルニーニの設計案を激しく批判するという形で、サン・ピエトロ大聖堂の改築に関わっていました。

ですからベルニーニとボッロミーニはライバル関係にあったのでしょうが、じつはこの3人がみんな設計に関わって協力し合った作品があります。現在はローマの国立古典絵画館として利用されている**「パラッツォ・バルベリーニ」**です。映画『ローマの休日』の撮影でも、ここの門が使用されました。

建設を依頼したのは、バルベリーニ家出身のウルバヌス8世。こちらも、サン・ピエトロ大聖堂の話に出てきました。最初はマデルノが設計を担当しましたが、彼の死後、ベルニーニとボッロミーニがその仕事を引き継ぎます。

3人のうち誰がそれを提案したのかはよくわかっていませんが、この建築のいちばんの特徴はH形の平面構成。それまでは中庭を建物が囲むような平面構成がふつうでしたが（前出のパラッ

映画『ローマの休日』でも使われた。
マデルノ、ボッロミーニ、ベルニーニ
「パラッツォ・バルベリーニ」（1638）

バロック建築の傑作、ボッロミーニ「サン・カルロ・アッレ・クワトロ・フォンターネ聖堂」（1646）

ツォ・ファルネーゼもそうです）、**中庭のないH形はバロック期に初めて登場し、その後の宮廷建築にも影響を与えました。**

3階建ての建物は、1階がドリア式、2階がイオニア式、3階がコリント式。その点ではギリシャ・ローマ建築の伝統に則ったもので、デザイン的にはまだ「いかにもバロック」というような装飾などが見られません。しかし全体のプロポーションは、古代建築とは異なる独特のバランスがあるように感じます。

ところで、ベルニーニとボッロミーニは最後までいっしょにパラッツォ・バルベリーニをつくったわけではありません。ボッロミーニは途中で別の案件に携わるために手を引き、ベルニーニが完成まで立ち会いました。

ここでボッロミーニが手がけた「別の案件」は、デザイン的にも「いかにもバロック」を感じさせるものになっています。ローマ・テルミニ駅の近くにある**「サン・カルロ・アッレ・クワトロ・フォンターネ聖堂」**がそれ。バロック建築の代表的な傑作です。

これまで紹介してきた建築とのいちばんの違いは、誰が見ても一目瞭然でしょう。こんなにグニャグニャとした曲線や曲面は、それまでありませんでした。まさに**「歪んだ真珠＝バロック」**という言葉が似合います。

装飾も彫刻や紋章や文字などがいろいろと施されていて、デザインしまくっている印象。中に入って天井を見上げると、楕円形のクーポラ（丸屋根）に並べられた十字架まで歪んでいます。この聖堂の完成は、１６４６年。ルネサンス建築の幕を切って落としたブルネレスキの捨子保育院（１４４４年）からおよそ２００年かけて、イタリアの建築はここまでの変化を遂げました。

フランスの上流階級が生んだ「ロココ」

しかし、イタリアの建築はこの頃から衰退期に入ります。後期バロック以降は、17世紀初頭から経済力を高めていたフランスが文化の中心地になっていきました。

イタリアは都市国家の集まりだったので、建築文化はローマ教皇をはじめとする宗教的権威が主導しましたが、**絶対君主が支配するフランスでは宮廷が主役。**フランスの後期バロックを代表する建築家のひとりである**ジュール・アルドアン＝マンサール**（１６４６－

ロココに向かう特徴を有した、
マンサール「ブロワ城のオルレアン翼棟」

1708）も、1675年から王室建築家としてヴェルサイユ宮殿の造営などに関わり、1686年には王家首席建築家となっています。

当時のフランスは、ルイ14世の治世。マンサールの代表作のひとつである**ヴァル・ド・グラース教会**も、ルイ14世の生母が、ルイ14世の誕生に感謝するために建てました。マンサールはイタリアのベルニーニやボッロミーニとほぼ同じ世代ですが、古典的なオーダーをそのまま使うなど、「保守本流」のパラディオからの影響もあったのかもしれません。

しかし彼が手がけた**ブロワ城のオルレアン翼棟**などは、建物の隅が曲面になっていたり、内部の空間に楕円形が使われていたりなど、イタリアのバロック建築からの影響が明らかに見て取れます。さらにマンサールは、室内に鏡やスタッコ（化粧漆喰）による装飾など、繊細なデザインを施しました。ヴェルサイユ宮殿の再修飾にも見られる彼のこうしたデザインは、時代が次の

「ロココ」に向かう第一歩だったと考えられています。

ロココの語源は、フランス語で「岩」を意味する**「ロカイユ」**。バロック時代の庭園に岩を組み合わせてつくられた装飾のことを**ロカイユ装飾**と呼んでいましたが、それがやがて複雑な室内装飾のことを指すようになりました。

ルイ15世（在位1715－1774）時代のフランスでは、国王の公妾（こうしょう）だったポンパドゥール夫人（1721－1764）がさんざんお金を使ってあちこちに邸宅を建てさせるなどしたこともあり、**サロン文化**が花開きます。つまり、宮殿の大広間での大規模なパーティよりも、私邸のこぢんまりした部屋での社交が好まれるようになった。豪壮で華麗なバロックに代わって、優美で繊細なロカイユ装飾が流行した背景には、上流階級のライフスタイルがそのように変わったことがありました。

このロカイユ装飾がのちに「ロココ」と呼ばれるようになったのですが、これは「バロック」と同様、過去の流行に対する蔑称です。植物のツタ、貝殻や珊瑚、骨、あるいは生き物なのかどうかもよくわからない正体不明のウネウネとした模様……といったゴテゴテとした過剰な装飾が、あとの時代の人々には退廃的で鬱陶（うっとう）しいものに感じられた。「もう、こんなダサいのは勘弁してよ」といったところでしょうか。正直にいえば、僕自身もロココ的なデザインは個人的にあまり好きではありません。

フランス革命で終わったロココの流行

ロココは西洋建築史の中で大きなインパクトを持つ新しい「様式」とはいえないと僕は思っています。建築は「空間」をどうつくるかが重要ですが、ロココは室内装飾が中心で、空間そのものはそれまでの建築と何も変わっていません。当時の上流階級に好まれただけの一時的なファッションのようなものです。

Quelle: Deutsche Fotothek

ロココ調の宮殿、サンスーシ宮殿「ヴォルテールの部屋」

しかしその流行は、**フランスだけでなく、ドイツやロシアなどにも広がりました。**

たとえばドイツなら、ブランデンブルク州ポツダム市のサンスーシ公園にロココ調の宮殿があります。プロイセン王国のフリードリッヒ2世の別邸として1747年に建てられた**「サンスーシ宮殿」**です。

この宮殿、外装はシンプルであまりゴテゴテしていませんが、室内のデザインはまさにロココ。壁から天井まで、金色でギラギラに飾られています。

ロシアでは、サンクトペテルブルク郊外にある**エカテリーナ宮殿**がロココ。初代ロシア皇帝ピョートル大帝の妃で、第2代皇帝でもあったエカテリーナ1世（在位1725－1727）の避暑用の離宮として1717年に建てられました。

エカテリーナ宮殿「琥珀の間」

ただし、当初のエカテリーナ宮殿はロココ調ではありません。エカテリーナ1世の娘で、第6代の皇帝にもなったエリザヴェータ（在位1741－1762）が、**母親の建てた宮殿が「時代遅れ」だとして、ロココ調に改めさせました**。その頃には、フランス上流階級の流行がロシアにも伝わっていたということでしょう。

この宮殿で有名なのは、**「琥珀の間」**と名づけられた部屋です。その名のとおり、部屋全体が琥珀細工でゴテゴテと……いや、華やかに装飾されました。

ちなみにこの琥珀は、第二次世界大戦のレニングラード包囲戦のときにドイツ軍が持ち去ったそうです。しかし1979年から復元作業が始まり、2003年に完全に復元されました。

ルイ15世の時代にロココを生んだフランスでは、次のルイ16世が権力の座から引きずり降ろされるまで、その流行が続きます。上流階級のファッションに幕を下ろさせたのは、いうまでもなく、1789年の**フランス革命**でした。**ポンパドゥール夫人に始まり、マリー・アントワネットで終わった**といってもいいかもしれません。

それ以前に、イギリスでは産業革命という世界史的な変化が生じていました。

建築のあり方は、その時代ごとの政治や経済に大きく左右されます。したがって、18世紀終盤に起きた社会の大変化は、西洋建築史にとっても大きな節目となりました。次の章では、そんな新しい時代の潮流についてお話ししましょう。

第3章

産業革命がもたらした大変化

啓蒙思想とブルジョワジー革命

建築家は、自分の中にある表現欲求だけに基づいて仕事をするわけではありません。ほかの芸術や文化もそうだと思いますが、その背景には常に大きな歴史のうねりによる社会の価値観の変化があります。

たとえばルネサンス期は、コペルニクスの地動説に始まる近代科学が幕を開けた時代でもありました。それによって中世カトリック教会の権威が揺さぶられ、ギリシャの自然哲学などが見直される中で、古代の「再生」という潮流が生まれたわけです。

17世紀から18世紀にかけて各地で起きた市民革命も、西洋社会の価値観を大きく変えました。いわゆる「近代」の始まりです。その社会的な変化を踏まえなければ西洋建築史は理解できませんし、歴史を理解しなければ現在の建築を考えることもできません。建築学科の学生は基本的に理系ということもあって、そのあたりの話が苦手なのですが、僕は大学の授業でもそれなりの時間を割いて教えています。

イギリスの**清教徒革命**（1642）と**名誉革命**（1688）、**アメリカ独立革命**（1775）、

フランス革命（1789）といった一連の**市民革命**は、封建的・絶対主義的な国家体制を解体して、近代的な市民社会の構築を目指すものでした。

それを支えたのは**「啓蒙思想」**です。啓蒙は英語で「エンライトンメント（enlightenment）」というとおり、光で照らして物事がはっきりと理解できるようにするというニュアンスの言葉です。合理的で批判的な精神によって、宗教的な迷信や偏見に満ちた社会を否定し、人々の理性を育むことで社会の進歩を促そうというわけです。

では、そういう革命の主体となった「市民」とは誰のことでしょう。もちろん、封建的な支配から解き放たれて自立した個人はみんな広い意味で「市民」ですが、一連の市民革命の主役は商工業者や資本家などの**「ブルジョワジー」**でした。

いまは貧しい労働者に嫌われる上流階級のお金持ちのことを「ブルジョワ」と呼んだりしますが、当時のブルジョワジーは封建的な支配者に立ち向かう対抗勢力。彼らが、自分たちの経済力をより高めるために自由や私的所有などを求めたことが、市民革命の原動力となりました。ですから、市民革命は**「ブルジョワ革命」**とも呼ばれます。

その動きを支えたのが、18世紀後半にイギリスで始まった**産業革命**にほかなりません。ルネサンス期は近代的な「サイエンス」が幕を開けた時代でしたが、産業革命は「エンジニアリング」の革命です。蒸気機関や石炭エネルギーの利用といった技術革新によって、それまで農業が中心だった産業が工業を中心とする構造に大きく変化しました。

この産業革命によってブルジョワジーが力をつけたことで、西洋では資本主義経済が成立します。社会そのものが根本的に変わったといっていいでしょう。

「幻視の建築家」ブーレー

さて、そんな社会の大変革によって、西洋建築はどうなっていったのか。

フランスでは1789年の革命までロココが続いたという話をしましたが、それ以前から、ゴテゴテの過剰な装飾に飽き飽きした人たちによって、**「新古典主義」**と呼ばれる流れが生まれていました。かつてのルネサンスがそうだったように、ウィトルウィウスの理論に立ち戻って建築の「美」を見直す動きです。

その中で影響力を持っていた**ジャック・フランソワ・ブロンデル**（1705－1774）という建築理論家がいます。新古典主義に基づく**『建築序説』**などいくつか重要な著作があるのですが、**フランス革命期の建築に斬新な風を吹き込んだ2人の建築家**は、いずれもこのブロンデルの弟子にあたる人物でした。

エティエンヌ・ルイ・ブーレー（1728－1799）と、**クロード・ニコラ・ルドゥー**

（1736－1806）です。どちらも実作が少なく、計画やスケッチが数多く残されているため、**「幻視の建築家」**と呼ばれています。

彼らを含めて、フランス革命期の新古典主義の建築家たちには、自分たちの建築にも社会を刷新する力があると信じていました。古典に立ち戻るのが基本ですから、ギリシャ神

エティエンヌ・ルイ・ブーレー「オペラ座」計画案

エティエンヌ・ルイ・ブーレー「ニュートン記念堂」案

エティエンヌ・ルイ・ブーレー「ピラミッド型の霊廟」案

殿風のオーダーを取り入れたりはしていますが、一方で「革命」も志向するものですから、見る者に与える印象は古典建築とはずいぶん違います。

たとえば、ブーレーがデザインした**「オペラ座」計画案**を見てください。手前に描かれた人々のサイズからすると、かなり巨大な建物です。円柱や屋根の上の彫刻などはたしかにギリシャ建築を思わせますが、半球のドームを含めて、幾何学的な対称性がきわだっています。SF映画で描かれる未来社会に建っていてもよさそうな雰囲気です。

もっとSFチックなのは、**「ニュートン記念堂」**のスケッチ。アイザック・ニュートンの慰霊碑として計画されたものです。全体がひとつの巨大な球になっており、天井には小さな穴をたくさん開けて内部の壁面に人工の星空を描くというアイデアでした。予定していた高さは、150メートル。球体を取り囲むように描かれているのは、数百本のヒノキです。

ピラミッド型の霊廟や、写真はありませんが**巨大なヴォールトに覆われた図書館**も、じつに壮大。当時の技術では建設がきわめて困難だったと思いますが、実際につくられていたら誰もが足を運ぶフランス有数の観光名所になっていたことでしょう。

ルドゥー「アル=ケ=スナンの王立製塩所」(18世紀)

磯崎新も引用したルドゥーの柱

もうひとりのルドゥーも実現しなかったスケッチなどが多いのですが、フランス革命前は王室建築家としてルイ15世の下(もと)でいくつか実作をしています。

その中でもよく知られているのが、ユネスコの世界遺産にも登録されている**「アル=ケ=スナンの王立製塩所」**。ルイ15世がつくらせたものですが、国王がこの製塩所の建設を決める以前から、ルドゥーは工場を含めた理想的な都市計画を思い描いていました。1771年から監視官としてフランス各地の製塩所を見て回る中で、もっと能率のよい工場のあり方を考えていたのです。

どこに建てるかもわからない状況でルドゥーが考えた設計案は、革命前のフランスでは考えられないほど大規模なものでした。中央の巨大な正方形の広場のまわりには工場労働者のための寮があり、敷地内には病院、礼拝堂、農場、さらにはパン屋など生活に必要な施設も配置。単なる製塩所ではなく、まさにひとつの「工業都市」をつくろうとしていたのです。やがて訪れる産業革命を予見していたかのような発想といえるでしょう。

その大規模な計画は実現しませんでしたが、アル＝ケ＝スナンの王立製塩所の建設はルイ15世が亡くなる直前に認可され、ルドゥーが設計を担当しました。当初は直径370メ

磯崎新「ホテル日航つくば」（旧オークラフロンティアホテルつくば）

正面玄関のルドゥーの柱

ートルの円形プランでしたが、資金難によって半円状に縮小。それでも、中央の広場や労働者の住まいなど、「都市計画としての工場」になっています。

もちろん、ギリシャ神殿のような柱やペディメントなど、新古典主義らしさも十分に表現されていました。じつは、このルドゥーのデザインした柱とほぼ同じものを、日本でも見ることができます。それは、茨城県つくば市の**「つくばセンタービル」**。これを設計した**磯崎新**さんは、その中にある**オークラフロンティアホテルつくば**の正面玄関に、ルドゥーの柱を引用しました。

磯崎さんは残念ながら2022年に亡くなってしまいましたが、僕が学生の頃、磯崎さんはブーレーの幻想建築などについて書かれていたことを記憶しています。この時代の斬新な建築に強い関心を持っていたのでしょう。

彼がつくばセンタービルでルドゥーを引用したのは、あとでお話しする**「ポストモダン建築」の時代**のこと。モダニズムが行き詰まりを見せたときに、やはり古典建築に立ち返るような流れが生まれました。いささか先走った話ではありますが、西洋建築は歴史の中で、そういうことを何度も繰り返してきたのです。

版画で興味深い「空間」を設計したピラネージ

もうひとり、産業革命が本格化する前の時代に興味深い作品を残したイタリアの建築家を紹介しましょう。ほぼ同世代のブーレー同様、有名なのは実作された建築物ではないのですが、こちらはスケッチではなく版画。版画家や考古学者としても知られる**ジョバンニ・バティスタ・ピラネージ**（１７２０－１７７８）です。

ベネチアで舞台美術を学んだピラネージは１７４０年からローマで暮らし、観光客の土産用の版画を制作しているうちに、古代遺跡に対する考古学的な関心を深めました。のちに『ローマの遺跡』（１７５６）や『ローマの壮麗と建築』（１７６１）という本を出版しています。

版画家としての作品でもっとも重要なのは、１７５０年に出版した『**牢獄の奇想にみちた創造**』というタイトルのエッチング集。10年後に出した増補第2版は『想像の牢獄』と改題されました。

古代遺跡に深い関心を持っていただけあって、そこにはギリシャ・ローマ建築のようなオーダーも見られますが、実在の建物をスケッチしたわけではありません。ピラネージは、

ジョヴァンニ・バッティスタ・ピラネージ
《『牢獄』(第2版):跳橋》

まったくの空想に基づいて、巨大で陰鬱な牢獄の空間を描きました。

さまざまな柱、部屋、階段、塔などが迷路のように入り組んだ空間は、遺跡のようでもあり、戦争で攻撃を受けた廃墟のようでもあります。ドームやヴォールトを見ると教会のようでもありますが、絞首台のような柱や監視塔らしき小部屋もあるので、やはりこれは牢獄なのでしょう。

この版画からどんな意味を読み取るのか、この時代の何がピラネージにこれを描かせたのかといったことについては、いろいろな解釈があるだろうと思います。当時は「ギリシャとローマのどちらが文化として優れているか」という論争があり、ピラネージは「ローマのほうが素晴らしい」と主張していたそうですが、もしかしたら、そういう問題と何か関係があるのかもしれません。

しかし僕たち建築家にとっていちばん興味深いのは、版画そのものの意味ではなく、ピラネージが「設計」した空間そのもの。

どこまで上に続くのかわからないような空間はじつに面白いし、どこからどう光を入れるとこのような複雑な陰影ができるのかも謎めいています。

先ほど名前の出た磯崎新さんもピラネージには興味を持っていましたし、安藤忠雄さんも「ピラネージは面白いよね」と言っていました。僕も、自分が設計する空間の組み合わせを考えるときに、ピラネージの版画を眺めたりします。空想的な美術作品であっても、ベースに古典建築に対する理解があるからこそ、西洋建築史の中で後世にも影響を与えるだけの存在感があるのでしょう。

社会主義的ユートピアを目指したフーリエとゴダン

ところで、産業革命は都市のあり方を大きく変えました。先ほどルドゥーが都市計画を含めて製塩所を設計したお話をしましたが、都市は建築と切り離せない存在。都市の変化は、建築にも影響を与えます。

いち早く産業革命を起こしたイギリスでは、農村から人々が流入してロンドンをはじめとする都市の人口が急増しました。

しかし都市の構造は従来のままなので、住宅や下水処理などのインフラが追いつかない。

何十人もがひとつのアパートに住んで、ゴミから何からそのへんに垂れ流すような状態なので、きわめて不衛生です。

そのため伝染病は蔓延（まんえん）しますし、工場からの排煙などで大気汚染もひどく、肺炎などを患（わずら）う人も増えました。

産業革命による工業化が進展するにつれて、こうした都市の問題もイギリスだけにとどまらず、フランスのパリなどヨーロッパ各地に広がります。そのため、この変化に有効に対応するための都市計画が求められるようになりました。

そこで興味深い提案をしたのが、フランスの哲学者**シャルル・フーリエ**（１７７２－１８３７）です。倫理学者、社会思想家としても知られるフーリエの思想は、のちにカール・マルクス（１８１８－１８８３）に高く評価されました。サン＝シモン（１７６０－１８２５）と並んで**「空想的社会主義」**を代表する人物とされています。

フーリエは、国家の支配を受けずに土地や生産手段を共有して多くの家族が共同生活を営む「アソシアシオン」をつくることを提案しました。１８００人程度を単位として、生活に必要なものを自給自足するこのコミュニティのことを、フーリエ自身の用語では**「ファランジュ」**と呼んでいます。

そのようなコミュニティは、建築なしではつくれません。フーリエは、その建物だけで

ゴダン「ゴダン共住労働共同体」（19世紀）

自立することのできる機能を持つ共同体住居の建設を考え、それを**「ファランステール」**と名づけています。

フーリエはファランステールの実現を目指して資産家たちに呼びかけ、晩年には彼の弟子たちが「フーリエ主義」運動を始めたりもしましたが、彼の生前にその考えが広く受け入れられることはありませんでした。

しかしフーリエの死後、その思想に共鳴してファランステールのようなものをつくった実業家がいます。その名は、**ジャン＝バティスト＝アンドレ・ゴダン**（1817－1888）。自ら考案した鋳鉄製ストーブの製造・販売で大成功を収めた人物で、現在でも「GODIN」社のストーブはフランスをはじめ世界中でよく知られています。

自分の工場を持つまでは金属職人として劣悪な環境で働いていたゴダンは、労働者もブルジョワジーと同じようなサービスを受けるべきだと考え、フーリエが思い描いたユートピアを自ら実現すべく、フランスのピカルディ地方エーヌ県にあるギーズという小さな町に、**「ゴダン共住労働共同体」**を建設しました。自分の工場で働く人たちとその家族全員のためのコミュニティです。

敷地の内側には天井をガラス屋根で覆った大きな中央広場があり、それをぐるりと取り囲む4階建ての建物は450戸程度の集合住宅になっており、フーリエが想定したのとほぼ同じ1700人以上がそこで暮らしました。周辺には、学校、劇場、公園などの施設も揃っています。

このゴダン共住労働共同体は、一般的な西洋建築史ガイドではあまり取り上げられないかもしれません。でも、経済や社会の変化と建築の関係を考える上で、産業革命の時代にこのようなプロジェクトが存在したことには、大きな意味があると僕は思います。

ドイツの新古典主義を代表するシンケル

次は、ドイツに目を移しましょう。新古典主義建築を代表する建築家、**カール・フリードリッヒ・シンケル**（1781－1841）です。彼のデザインは、のちのモダニズム建築にも大きな影響を与えました。

その代表作は、ベルリンのムゼウムスインゼル（博物館島）にある**「アルテス・ムゼウ**

シンケル「アルテス・ムゼウム（旧博物館）」（1830）

ム（旧博物館）」です。1845年までは「王立博物館」と呼ばれていました。その名が示すとおり、プロイセン国王フリードリヒ・ヴィルヘルム3世（在位1797−1840）の命によって建設され、1830年に完成しました。

その目的は、王室の美術コレクションを大衆に公開すること。まだ王室が権力を持っていたとはいえ、ドイツでもブルジョワジーが力をつけて社会が変わり、一般市民も芸術に親しむべきだという風潮が広まっていたのです。

シンケルのデザインは、まさに**「新古典主義」**と呼ぶにふさわしく、イオニア式の柱頭や屋上の彫刻などギリシャの古代建築を厳格に踏襲したもの。また、近くにあるベルリン大聖堂と似てしまうため四角い壁で隠されていますが、屋根にはローマのパンテオンを模した半円球のドームもあります。

しかし全体的な構造はシンプルで、あまり余計なものがありません。幾何学的な合理性も感じられるので、装飾を取り払えば、そのまま20世紀のモダニズム建築として通用しそうにも見えます。

のちほど別の章で詳しくお話ししますが、モダニズムの巨匠ル・コルビュジェは、若い頃にペーター・ベーレンス（１８６８－１９４０）というドイツの建築家の事務所に在籍していました。ベーレンスはル・コルビュジェをはじめとするモダニストたちに大きな影響を与えた存在なのですが、彼もシンケルの新古典主義を研究し、画家から工業デザイナーへ、そして建築家になった職歴の中でシンケルの建築に影響され、それを弟子にも伝えました。そういう意味でも、シンケルは近代西洋建築史における最重要人物のひとりといえるでしょう。

第1回ロンドン万博を飾ったクリスタル・パレス

実際、このあたりから西洋建築はどんどん近代化していきます。シンケルのアルテス・ムゼウムができてから約20年後（シンケルの死から10年後）の**１８５１年には、イギリスで世界初の万国博覧会が開催**されました。

万博の最大の見どころといえば、斬新なデザインのパビリオン。２０２５年に予定され

ジョセフ・パクストン
「クリスタル・パレス（水晶宮）」（ロンドン南郊シデナムへ移設後の写真）

ている大阪万博は、いまのところちゃんとパビリオンが建つのかどうか心配されていますが、この第1回ロンドン万博以降、万博は建築という分野にとって大きな意味を持つイベントとなっていきました。

そのロンドン万博でもっとも注目を集めたのは、ハイド・パークに建てられた展示館です。設計したのは、造園家として独創的な温室の工法を開発していた**ジョセフ・パクストン**（1803－1865）。万博委員会がコンペを行なってもなかなか良い案が見つかりませんでしたが、パクストンが自ら委員会に持ち込んだ設計図が公開されると、イギリスの世論は「これがいい！」と盛り上がったようです。新国立競技場のザハ案が発表されたときのようなインパクトがあったのかもしれません。

パクストンの設計は、**当時の最新技術である鉄とガラスを大量に使い**、工場で大量生産された部品を現地で組み立てる**プレハブ工法**を採用したものでした。まさに、イギリスの産業革命を象徴するような建築です。しかも長さ約560メートル、幅約120メートルという巨大な建物を、わずか10カ月という短期間でつくり上げました。新時代の工業力を誇示する万博には、じつにふさわしい展示館だといえるでしょう。

30万枚ものガラスを使った巨大な展示館は、**「クリスタル・パレス（水晶宮）」**というニックネームで呼ばれました。近代的な素材を使いながらも、新古典主義の時代ですから、古代から脈々と伝わるヴォールトが見られますし、全体の平面構造は教会のようなラテン十字形になっています。

でも、この空間から伝統的な宗教の雰囲気は感じられません。そこにあるのは、むしろ近代資本主義という新たな価値観に対する信仰でしょう。多彩な工業製品や最新式の機械などを展示したロンドン万博は、いわば人類初の「近代のお祭り」だったのだと思います。

パクストンのクリスタル・パレスは、万博終了後、ロンドン郊外に移設されました。これほどの建築を取り壊すのはあまりにもったいないので、当然の処置でしょう。そこでは、博物館やコンサートホールなども併設された巨大な娯楽施設となりました。

しかし残念なことに、1936年に火災によって焼失。その後は再建されることなく、跡地は公園になっています。

ラブルーストの国立図書館とミラノのショッピングアーケード

アンリ・ラブルースト
「フランス国立図書館」(旧館閲覧室)(1875)

鉄とガラスをふんだんに使ったクリスタル・パレスがそうだったように、産業革命は建築に使う素材を大きく変えました。古代ギリシャ以来、西洋建築は基本的に「石の時代」が続いていましたが、素材が変われば当然デザインも変わります。石ではできなかったことが、鉄ならできる。そのため新古典主義の時代には、古典建築の伝統を受け継ぎながらも、昔はあり得なかったデザインが見られるようになりました。

それがよくわかる建築を、2つご紹介しておきましょう。まず、フランスの**アンリ・ラブルースト**(1801–1875)が設計した**国立図書館**。フランスには、17世紀にパリに設立されて以来、建築、絵画、彫刻の分野で多くの芸術家を輩出したエコール・デ・ボザールという国立高等美術学校がありますが、ラブルーストもそこの出身です。古代ギリシャの遺跡に強い影響を受け、**「ネオ・グレコ」**と呼ばれる潮流をつくり出しました。

1875年に竣工した国立図書館は、コリント式の装飾やアーチなど古典的なアイテムはあるものの、鉄骨を使っているので、「石の時代」の建物よりも柱などが細く、全体的に軽やかな印象を与えます。このドームやヴォールトの荷重を積み上げた石で支えようと思ったら、もっと太くて頑丈なものにしなければなりません。

ジョゼッペ・メンゴーニ「ガレリア・ヴィットリオ・エマヌエーレ2世」(1877)

次に、イタリアのミラノにあるショッピングアーケード。ドゥオモ（大聖堂）広場の近くにある**「ガレリア・ヴィットリオ・エマヌエーレ2世」**です。一流ブランドやレストランが並んでいる名所なので、ミラノを訪れたことのある人はたいがいここを歩いたことがあるでしょう。

前にお話ししたとおり、西ローマ帝国が滅んでからのイタリアはいくつもの都市国家に分裂した状態が長く続きましたが、1861年に「イタリア王国」として統一されました。その初代国王が、ヴィットリオ・エマヌエーレ2世（在位1861―1878）です。その名を冠したアーケードは、**ジュゼッペ・メンゴーニ**という建築家によって設計され、1877年にできあがりました。

商店街の各店舗が入っている建物はいかにもクラシックな装いなので、そこだけ眺めて歩いていると、中世からルネサンス期にかけてつくられた古い建築のようなイメージを持つかもしれません。

でも天井を見上げると、そこにはガラスと鉄を使ったヴォールトから明るい光が射し込んでいます。十字路の頭上には、直径約38メートルのガラスのドーム。まさに新古典主義建築の典型のようなものだといえるでしょう。

アーツ・アンド・クラフツ運動

ここまで見てきたように、近代資本主義社会を生んだブルジョワ革命と産業革命は、その時代の建築にもさまざまな変化をもたらしました。しかしその一方で、産業革命がもたらした時代の変化にブレーキをかけるような動きも出てきます。

産業革命後のイギリスでは、機械化による大量生産時代にあるべきデザインが模索されていました。でも、新しい時代の様式はなかなか生まれません。1851年の第1回ロンドン万博では、展示された大量生産品が芸術性を失っていることを嘆く声も多かったようです。そのため美術界では機械文明への批判が始まり、**中世のゴシック様式の復活を提唱する建築家**も出てきました。

　そんな風潮の中で、ロンドンの芸術青年たちが**「ラファエル前派」**というグループを結成します。ラファエロ以前の初期ルネサンス美術に高い価値を見出したがゆえのネーミングでした。彼らの作品は、聖書の題材や中世の伝説などをテーマにするものが多かったようです。秘密結社のような過激な活動で、世間に眉を顰(ひそ)められるような面もありました。

　このグループ自体は結成からわずか5年で崩壊しましたが、彼らが掲げた中世的な理想主義は、その後も機械化や大量生産に反発する人々に受け継がれます。そんな流れの中で生まれたのが、**「アーツ・アンド・クラフツ運動」**でした。

　工業化による大量生産によって損なわれたのは、芸術性（アーツ）だけではありません。職人たちの手仕事による工芸（クラフツ）の存在感も薄れていきました。そこに問題意識を抱いて立ち上がったのが、18世紀後半のイギリスで詩人、工芸家、社会改革家として活動した**ウィリアム・モリス**（1834－1896）です。

もともと聖職者を志していたモリスは大学で中世史を学びました。その後、ラファエル前派などの影響を受けて、建築家の弟子になったり、画家を目指したりもしながら、工芸家になります。そして1861年に、ステンドグラス、家具、壁紙といったインテリアを幅広く取り扱う会社を仲間たちといっしょに設立。モリス自身は、そこで椅子や壁紙などのデザインを手がけました。この会社は1875年に解散し、モリスの単独経営による**「モリス商会」**として再出発します。

彼が主導したアーツ・アンド・クラフツ運動は、「安かろう悪かろう」の大量生産品を嫌い、生産する職人や芸術家にとっても、それを使う人たちにとっても、喜びが感じられるような製品をつくろうとするもの。**手仕事の良さを見直し、生活と芸術を統一すべき**だというのが、モリスの主張でした。

ウィリアム・モリス「レッドハウス（モリス自邸）」

モリスのような考え方には、どんな時代でも共感する人がいると思います。次々と新しいものが生まれて世の中が変わっていくと、その利便性や効率性などを歓迎する一方で、変化によって何か大切なものが失われたことにも気づく。だからこそ、いつの時代でも「昔は良かった」とか「古き良き時代」といった言葉が聞かれるのでしょう。いまの世の中なら、SNSやオンライン会議などインターネットの発達によって「失われたもの」に思いを馳せる人も多いかもしれません。

モリス商会が手がけたインテリアや書籍なども、「古き良き時代のイギリス」を思い起こさせるような面がありました。でも、単なる懐古趣味ではありません。産業革命以降の新しい素材を使いながらも、丁寧な手仕事によってそこに凝った装飾を施すなど、いわば「オールド&ニュー」の両立を目指すようなものだったと思います。

その製品自体は、当然ながら大量生産品よりも高価になってしまうので、一部のお金持ちにしか買えなかったかもしれません。しかしモリスの考え方やアーツ・アンド・クラフツ運動は世界に広く刺激を与えました。たとえば米国でもアーツ・アンド・クラフツ運動が生まれ、かの有名な建築家フランク・ロイド・ライトも若い頃に影響を受けています。

また、この運動は、のちほど別の章で紹介する「アール・ヌーヴォー」という国際的な美術運動にも影響を与えました。さらに、20世紀初頭にドイツで「バウハウス」を設立したメンバーの一部も、イギリスに行ってアーツ・アンド・クラフツ運動について勉強したたという記録が残っています。建築の様式そのものとはあまり関係がありませんが、近代デザインの先駆けとなる動きとして、アーツ・アンド・クラフツ運動は西洋建築史の中で重要な位置を占めるものだと思います。

第4章

19世紀末

米国の台頭とアール・ヌーヴォー

300メートルのエッフェル塔を可能にした技術革新

工業化による大量生産へのアンチテーゼとしてモリスがアーツ・アンド・クラフツ運動に乗り出した頃、イギリスで始まった産業革命は次のステップに進んでいました。

18世紀後半の産業革命による経済発展は、多くの植民地を持つイギリスの「ひとり勝ち」状態でしたが、1860年代の後半になると、フランス、ドイツ、そして米国の工業力が向上。その頃から第一次世界大戦前までの期間は、**「第二次産業革命」**の時代と呼ばれます。鉄鋼業をはじめとする重化学工業で技術革新が進み、鉄道や蒸気船などの交通手段も発達しました。

西洋建築史の観点からすると、ここで初めて**「米国」**という非ヨーロッパの地域が表舞台に出てくるのが、この時期の大きな特徴です。前章まではヨーロッパの国々ばかり取り上げていましたが、これ以降の西洋建築史は米国を抜きには語れません。

しかし米国の話は後回しにして、まずはフランスに目を向けましょう。フランス革命100周年を記念して**1889年に開催されたパリ万博**のために、画期的な建造物がつくられました。いうまでもなく、いまやパリのシンボルとなった**エッフェル塔**です。

ギュスターヴ・エッフェル
「エッフェル塔」（1889）

それまで世界一高い建築物は、1884年に建てられた米国のワシントン記念塔（169メートル）でした。エッフェル塔はそれを100メートル以上も上回る300メートル。コンペでは満場一致で選ばれ、講評では「金属産業の独創的傑作として出現しなければならない」というコメントが添えられました。まさに第二次産業革命を象徴する建築物であり、建築工学の面でも大きな前進といえます。

エッフェル塔は、**「錬鉄（れんてつ）」**と呼ばれる素材でつくられました。

鉄は18世紀の第一次産業革命から大量生産ができるようになりましたが、当初は脆い（もろい）「鋳鉄（ちゅうてつ）」だったので、塔のような構造物には使えません。頑丈な素材にするには、鉄に含まれる炭素を減らす必要があります。

第二次産業革命では、その技術が発達しました。それによって錬鉄の大量生産が可能になり、鉄橋、ビルの鉄骨、鉄道のレールなどがつくれるようになります。

その後、より強靭な「鋼鉄（スチール）」

フェルディナン・デュテール
「機械館（ラ・ギャレリー・デ・マシーン）」（1889）

の大量生産ができるようになり、錬鉄の時代は終わりましたが、その錬鉄時代を代表する建築物がエッフェル塔というわけです。

また、300メートルもの塔を建てるには、それとは別の技術革新も必要でした。**「エレベーター」**です。これがなければよほど体力と根性のある人しか上まで行けず、建築に欠かせない「用・強・美」の「用」が成り立ちません。

ロープや滑車を使う人力エレベーターは、ギリシャ・ローマ時代から使われていました。19世紀初頭には、水圧を利用するエレベーターが登場します。エッフェル塔で採用されたのは、この水圧式エレベーターです。

しかし1853年のニューヨーク万博では、蒸気式エレベーターが発表されていました。その後も技術革新は続き、パリ万博と同じ1889年には米国のオーチス社が電動式エレベーターを開発。ニューヨークのビルに世界で初めて採用されています。

頑丈な素材やエレベーターのおかげで高い塔の建設が可能になったわけですが、当時の人々にとって地上300メートルという高さは恐怖心を抱かせるものだったでしょう。そのため、これを設計した土木技師**ギュスターヴ・エッフェル**（1832－1923）はパリ万博が開催されているあいだ、ずっとエッフェル塔の最上階に設えた事務所にいました。「これは絶対に倒れないから自分は安心してここにいるんだ」というメッセージを発したわけです。いまでもそこにはエッフェルの蠟人形が置かれているので、ご覧になったことのある人も多いでしょう。

また、このパリ万博では、エッフェル塔のほかにもうひとつ、驚くべき構造の巨大建築物がつくられました。サイズは、高さ45メートル、長さ400メートル、幅115メートルの丸天井の広大な空間を柱なしでつくった**「機械館（ラ・ギャラリー・デ・マシーン）」**です。設計はこの巨大な鉄とガラスの建築を実現し有名になった**フェルディナン・デュテール**（1845－1906）です。

アーチが自立型なので柱なしで天井を支えられるわけですが、幅115メートルの両端から伸びる鉄骨を崩れないように真ん中で組むのは容易ではありません。専門的な説明は省きますが、荷重を分散させるためにさまざまな新しい工法が開発されました。

ゴールドラッシュによるサンフランシスコの発展

ところで、このパリ万博のアメリカ館では、バッファロー・ビル一座による「ワイルド・ウエスト・ショー」が上演されました。バッファロー・ビル（本名ウィリアム・フレデリック・コーディ）は、実際に騎兵隊の斥候なども やったことのあるアメリカ西部の開拓者です。1883年から、カウボーイの曲馬やロデオ、当時はインディアンと呼ばれたアメリカ先住民と騎兵隊の戦いなどを見せる一座の座長として人気を博していました。

そこで上演されたのは決して「昔話」ではありません。白人入植者と先住民の戦いは1890年頃まで続いたので、1889年のパリ万博の時点では「いまのアメリカ」です。現在は「先住民の土地を無理やり奪った白人はひどい」と思う人のほうが多いでしょうが、当時は「インディアン」をやっつける白人がヒーロー扱いされていました（僕の子ども時代でも米国のテレビでは西部劇が大人気でした）。このパリ万博では、アフリカの先住民の暮らしぶりを見世物にする悪名高き「人間動物園」も設置されていましたから、当時の人種差別は現在とは比較にならないほどひどいものだったわけです。

ともあれ、19世紀後半の米国はまだそんな西部開拓時代でした。13歳で家族といっしょに渡米した僕が大学卒業まで過ごしたカリフォルニアが開拓されたのも、その頃です。

ゴールドラッシュ（1848－1855）の前までのカリフォルニアは、荒れ果てた無法地帯でした。サンフランシスコの人口は、1846年の時点で200人程度。しかしゴールドラッシュによって「憧れの地」となり、1869年には最初のアメリカ大陸横断鉄道が開通したこともあって、1870年の時点ではそれが15万人にまで増えました。

人口が急増すれば、都市計画も進みます。ゴールドラッシュ前は東側のダウンタウンにしか人が住んでいませんでしたが、1860年代には市街地が西へ拡大。そこで、人々が集う大規模な公園として1871年につくられたのが、**ゴールデン・ゲート・パーク**です。

当初、この公園の設計はニューヨークのセントラル・パークを手がけたフレデリック・ロー・オルムステッドに依頼されました。公園の予定地は、太平洋沿岸のビーチフロントから市街地方向へのびる長方形の敷地で砂丘のような荒れ地。木を生い茂らせるのも大変だという環境でした。そこで、オルムステッドは、カリフォルニアの土着植物を主体としたデザインを提案しましたが、市議会では反対の意見が過半数を超え、結局提案は却下されてしまいます。

代わって、登場したのが土木技師の**ウィリアム・ハモンド・ホール**でした。彼が頑張って完成させたのが、セントラル・パークと同じような立派な公園でした。当時、サンフランシスコは新興都市だったので、地元の人々は、やはり大都市ニューヨークに憧れていたのでしょう。この公園には僕もよく足を運んで、野生ウサギと遊んだりした記憶があります。

そのゴールデン・ゲート・パークを中心に、サンフランシスコの街は碁盤の目状に区画

「ヴィクトリア様式」木造住宅

整理され、住宅地として分譲されました。そこに建ち並んだのは、**「ヴィクトリア様式」**と呼ばれる木造住宅です。ヴィクトリア女王（在位1837－1901）統治下のイギリスで流行した建物や家具のデザインの様式をいうのですが、サンフランシスコは、アメリカの都市として最初にこのヴィクトリア様式の住宅を取り入れました。1850年から1900年まで合計4万戸あまりの住宅が建てられました。地元の建築史家の研究によると、このヴィクトリア様式も総括的な呼び名で、細かく分類すると、イタリア調、クイーン・アン調、ゴシック・リバイバル調、リチャードソン調など、分類自体も建築史ファンには興味深い名称となっています。これらの建築は、もちろん当時の地元建築家たちの設計によるものもありましたが、ほとんどが、工務店やデベロッパーが、**「パターン・ブック」**と呼ばれる建築のスタイルブックをもとに建てられました。色彩もバラエティーに富んでいて、現在のサンフランシスコにはこれら築120年以上（最古は築170年）の住宅が残されており、

とても文化性の高い豊かな街並みを形成しています。やはり新興国の米国には、ヨーロッパの歴史や文化に対する憧れや敬意があったからでしょう。

ヴィクトリア様式の住宅は、リノベーションされていまでもサンフランシスコにたくさん残っています。余談ですが、僕が20代の頃、老朽化し放置されていたようなヴィクトリア様式の住宅を安く買った事務所の同僚がいました。当時の買値は、日本円にすると1000万円程度だったでしょうか。それが現在は、8億円ぐらいになっています。僕も買っておけばよかった……と悔やんでも、もう遅い。シリコンバレーというIT産業の一大拠点を持つサンフランシスコは、お金持ちにしか住めない街になってしまいました。

企業城下町としてのプルマン工業都市

さて、当時の米国でニューヨークに次ぐセカンドシティとして繁栄したのはシカゴです。ミシガン湖畔から運河で大西洋とつながっているシカゴには商品先物取引所が置かれ、全米の農産物が集まりました。

そのシカゴでは、第一次産業革命時のヨーロッパと同様、都市環境の悪化が進みます。そのため、フランスのゴダン共住労働共同体と似たような（しかしはるかに規模の大きい）試

プルマン工業都市（1880年代）

み も行なわれました。１８８０年代にシカゴ郊外で開発された**「プルマン工業都市」**です。これは、鉄道車両の製造を行なっていたプルマン社の「企業城下町」のようなものでした。

ゴダン共住労働共同体は１７００人程度が暮らすコミュニティでしたが、プルマン工業都市は６０００社もの従業員と家族が暮らす住宅を用意した文字どおりの「都市」です。従業員が働く工場があるのはもちろん、市場、教会、図書館、娯楽施設なども提供されました。１８９３年のシカゴ万博ではこの街が観光名所となり、１８９６年には**「世界でもっとも完璧な都市」**として国際的に表彰されています。

ただし１８９０年代の金融恐慌後には、従業員の待遇をめぐってストライキやボイコットなどの労働運動が発生。企業がそこで暮らす人々の生き方を決めることへの反発も生じました。１８９８年には、イリノイ州の最高裁判所が「企業に都市を造営する権利はない」として、会社のビジネスに不要な不動産を売却するよう命じます。そのためプルマンの社宅は、1909年までに売り払われました。

次々と高層ビルを生んだ「シカゴ派」

プルマン工業都市はシカゴ郊外での試みでしたが、シカゴそのものは、この頃から米国建築文化の中心地として注目される街となっていきました。

ひとつのきっかけとなったのは、1871年10月に起きた**シカゴ大火**。残念な出来事ではありますが、大きな火災を契機に都市が新しくなることはよくあります。たとえば東京の銀座煉瓦街は、1872年（明治5年）に起きた銀座大火の後、燃えにくい都市になるべくつくられたものでした（それも関東大震災で焼失してしまいましたが）。その前年に大火を経験したシカゴも、耐火構造の建物につくり替えられていきました。

また、経済発展によって人口が増え、オフィス需要も高まってくると、かぎりある地面により多くの空間をつくるために、**高層ビル**が必要になります。郊外につくられたプルマン工業都市はいわば「横」への展開ですが、こちらは「上」に伸ばしていく。それまで

ダニエル・バーナム
「リライアンス・ビル」（1895）

ニューヨークではせいぜい5階建てのビルしかありませんでしたが、**シカゴでは10階以上の高層オフィスビル**が次々と建てられました。鉄骨構造やエレベーターの進歩によって、技術的にもそれが可能になっていたわけです。

この本でも見てきたとおり、ギリシャ・ローマ以来、西洋建築の主役は神殿、教会、宮殿、博物館、図書館といった公共的な建物でした。しかしシカゴの高層建築は、オフィスビルが主役。それ以来、今日にいたるまで高層オフィスビルは建築家にとって重要なテーマのひとつとなっています。その意味で、商業都市シカゴは西洋建築史にひとつの新しい潮流を生んだといえるのではないでしょうか。そこで活躍した建築家たちは**「シカゴ派」**とも呼ばれています。

そんなシカゴの高層オフィスビルの中でもよく知られているのが、この時代の米国を代表する建築家のひとりである**ダニエル・バーナム**（1846－1912）が手がけた**「リライアンス・ビル」**（1895年完成）です。バーナムは、1893年のシカゴ万博でも総指揮者を務めました。

リライアンス・ビルは14階建て。鉄骨の芯を上から下までジャングルジムのように張り巡らせた構造になっています。広く取られた窓を含めて、外壁構造が薄いのも従来のビルとの大きな違い。高層ビルは風圧に耐える頑健さが必要ですが、さまざまな技術の進歩によって、軽い外壁でもそれが可能になりました。

建物の表面に特徴的なデコボコをつくっている出窓は、すべて開くわけではありません。大きな窓ははめ殺し（フィックス窓）で、その両側にある細い窓だけ空気を入れ換えるために開閉できます。採光と換気の機能を持つこのような窓のスタイルは、のちに**「シカゴ・ウィンドウ」**と呼ばれるようになりました。

ルイス・サリヴァンの多様な作品

バーナムのリライアンス・ビルは広いガラス窓が軽やかな印象を与えますが、その数年前には、重厚なロマネスク建築風の高層ビルが建てられています。**ルイス・サリヴァン**（１８５６－１９２４）の設計によって１８８９年に完成した**「オーディトリアム・ビル」**です。こちらもシカゴを代表するビルのひとつとなりました。

ルイス・サリヴァン「オーディトリアム・ビル」(1889)

サリヴァンは10代後半のうちからフィラデルフィアやシカゴの建築事務所で働き、パリのエコール・デ・ボザールにも留学。ボザールでは、ミケランジェロをはじめとするルネサンス建築の影響を受けたようです。

彼の代表作であるオーディトリアム・ビルは、外観はまさにロマネスク建築のように分厚い石を組み上げているように見えますが、もちろん、その中は鉄骨。**下から上まで大きく3分割したデザインが特徴的**です。重厚な基壇の上に、ギリシャ神殿風の長い柱が伸び、やわらかいアーチが最上部を支えている。たいへん美しい新古典主義の名作だと思います。

ただ、サリヴァンは必ずしも新古典主義の全面的な支持者だったとはいえません。そのためにバーナムと対立もしています。

というのも、バーナムが指揮したシカゴ万博は、会場が「ホワイト・シティ」と呼ばれるほど、ヨーロッパ風の宮殿など白一色の古風な建物が並びました（ちなみに日本館は、京都府宇治市にある平等院鳳凰堂のミニチュア版でした）。サリヴァンもこの万博には関わっていましたが、新古典主義が前面に押し出されたことについて「この国の建築を50年遅らせた」とバーナムを強く批判したといわれています。

しかし高層ビルの設計を発注する実業界の人々には、ヨーロッパの伝統文化に対する憧れのようなものが根強くあったのでしょう。オーディトリアム・ビルも、そういうニーズに応えて設計されたのかもしれません。

ルイス・サリヴァン「カーソン・ピリー・スコット・ストア」(1904)

実際、サリヴァンはオーディトリアム・ビルとはずいぶん印象の異なるビルも設計しました。**「カーソン・ピリー・スコット・ストア」**という百貨店がそれです。装飾がほとんどなく、ジャングルジムのような構造がそのまま見えるあたりは、かなり近代的な感覚です。

このビルの特徴のひとつは、**道路の交差点に面した角の部分がカーブを描いていること**。バーナムのリライアンス・ビルやサリヴァンのオーディトリアム・ビルもそうですが、オフィスビルは玄関のある側が「正面」です。でもカーソン・ピリー・スコット・ストアは商業ビルなので、人通りのある道の両方からお客さんを集めたい。だから角にカーブをつ

ルイス・サリヴァン
「ギャランティ・トラスト・ビル」(1895)

ルイス・サリヴァン
「ウェインライト・ビル」(1891)

けて、そこを玄関にしているわけです。

サリヴァンの作品には、ほかにも有名なものがいくつかあります。たとえば、1891年に完成した**「ウェインライト・ビル」**と、1895年に完成した**「ギャランティ・トラスト・ビル」**。どちらも基壇、ボディ、飛び出した屋根という似たような構造ですが、この2つは、ある意味で対照的な個性を持っていると思います。

ウェインライト・ビルは、4つの角を太い柱が支えていることで、水平性よりも「上」へ向かう垂直性が強調されています。屋根は分厚く、全体的に力強い。僕には、このビルが「男性的」なものに感じられます。

一方のギャランティ・トラスト・ビルに、そのような強さはありません。角の柱が細く、全体に編み物のようなやわらかさがあります。そのため、どちらかというと女性的なイメージ。男女の性質を一面的に決めつけてはいけませんが、古代建築の円柱にも、男性的なドリア式と女性的なイオニア式がありました。同じ建築家が、このように個性の異なる作品を手がけていることが、僕にはとても面白く感じられます。こうやって、「建築を読む」という鑑賞方法をゲーム感覚でやることで、建築に対する親しみや楽しみが増えるのではないでしょうか。

ミュシャのポスターから始まった「アール・ヌーヴォー」の流行

ところで、サリヴァンのカーソン・ピリー・スコット・ストアは、まったく装飾がないわけではありません。2階から上は、のちのモダニズムにも通じる機能性重視のデザインですが、通りを行き交う人々が目にする1階には花模様などの装飾が施されました。これは、1890年代から20世紀初頭にかけて流行した**「アール・ヌーヴォー」**という様式を取り入れたものです。

ここで再び、話はヨーロッパに戻ります。草花のモチーフや流れるような曲線などを組み合わせたデザインを特徴とするアール・ヌーヴォーは、フランスで始まり、国際的な芸術運動に発展しました。「新しい芸術」という意味のフランス語です。

ミュシャ「『ジスモンダ』のポスター」（1894）

これまでに紹介したバロックやロココ、アーツ・アンド・クラフツ運動もそうだったように、西洋建築史には折に触れて新しい装飾の様式が現れます。ロココはバロックの発展形のようなものでしたが、アール・ヌーヴォーはアーツ・アンド・クラフツがその起源だと考えていいでしょう。大量生産に不向きという点でも、両者は似ています。

アール・ヌーヴォーを代表するアーティストといえば、画家、イラストレーター、グラフィックデザイナーなど幅広い分野で活躍した**アルフォンス・ミュシャ**（1860−1939）。現在のチェコ（当時はオーストリア帝国領）の出身で、1887年からはパリで仕事をしました。

当時のパリは、「ベル・エポック」と呼ばれる華やかな時代。その時代を象徴する大女優サラ・ベルナール主演の宗教劇**『ジスモンダ』のポスター**（1894年）が、ミュシャの出世作です。曲線的にデザインされたロゴタイプも含めて、これがアール・ヌーヴォーの典型だと思っていいでしょう。

いまでもパリの街には、当時の面影がたくさん残っています。たとえば、地下鉄の入り口もそう。これはフランスのアール・ヌーヴォーを代表する**エクトール・ギマール**という建築家が設計したものです。

フランスだけでなく、ベルギーもアール・ヌーヴォーの中心地となりました。とくにベルギーの**ヴィクトール・オルタ**（1861－1947）は、アール・ヌーヴォーを初めて建築に取り入れた建築家とされています。

有名な**「タッセル邸」**は、1892年にアール・ヌーヴォーの展覧会に感銘を受けたオルタが、その翌年に設計したもの。ギリ

ヴィクトール・オルタ
「タッセル邸」(1893)

ヴィクトール・オルタ「オルタ邸」(1901)

シャ・ローマ建築の伝統を引き継いでいるようにも見えますが、2階の柱は骨みたいな形をしていますし、3階の手すりにも蔓（つた）のような有機的なデザインが施されています。

アトリエと自宅を兼ねた**「オルタ邸」**も、室内の階段の手すりなどが曲線的なデザインで、照明器具も花を模しており、いかにもアール・ヌーヴォー。タッセル邸とオルタ邸を含めた「建築家ヴィクトール・オルタの主な都市邸宅群」は、ユネスコの世界遺産に登録されています。

ガウディの曲線はどうやって生まれたか

アントニ・ガウディ
「サグラダ・ファミリア教会」

未完の傑作**「サグラダ・ファミリア教会」**で有名なスペインの建築家**アントニ・ガウディ**（1852－1926）も、アール・ヌーヴォーの影響を受けました。

ガウディが54歳のときに設計した**「カサ・ミラ」**を見れば、その影響は明らかでしょう。まったくといっていいほど直線部分がありませんし、骨のよう

アントニ・ガウディ「カサ・ミラ」(1910)

な柱や植物のモチーフもあちこちに見られます。誰にも真似できないガウディ独自の設計ですが、やはりこの時代にアール・ヌーヴォーという新しい流れがあったからこそ、こういうものも生み出されたのだと思います。

サグラダ・ファミリアも、直線や直角がほとんど見られない点でアール・ヌーヴォー的です。ただしガウディは、その建設に最初から関わったわけではありません。1882年に着工されたときは、フランシスコ・デ・パウラ・デル・ビリャールという建築家がリーダーで、基本的にはゴシック様式の教会として計画されていました。

しかし翌年にビリャールが辞任したのを受けて主任建築士となったガウディが、ゴシック様式とアール・ヌーヴォーの曲線的な形状を組み合わせた設計に変更。それによって、あの独特な外観が生まれました。

ただしその設計手法は、「こんなふうにしたら美しいよね」といった主観的なデザイン感覚だけによるものではありません。ガウディは、**おもりをつけた砂袋を紐にぶら下げるという実験的なやり方**で、自然なアーチをつくりました。それをトレースして上下反転させたのが、あの独特な塔の形です。

アール・ヌーヴォーは草花などの自然が描く曲線が大きな特徴ですが、ガウディはそれをじつに合理的かつ機能的な手法で生み出しました。その点では、のちのモダニズムにもつながるものだといえます。

「グラスゴー派」のマッキントッシュ

かつてウィリアム・モリスがアーツ・アンド・クラフツ運動を起こしたイギリスでは、**チャールズ・レニー・マッキントッシュ**（１８６８－１９２８）がアール・ヌーヴォーのアーティストとして活躍しました。

マッキントッシュといえば、背もたれがハシゴのような形のため**「ラダーバックチェア」**と呼ばれる細長い椅子のデザインで有名。でも、もともとは設計事務所に勤めながらグラスゴー美術学校で建築を学びました。画家としても活動しています。

20代半ばの頃、マッキントッシュは美術学校の仲間たちと**「四人組（The Four）」**という

チャールズ・レニー・マッキントッシュ「ヒル・ハウス」(1904)

グループを結成し、家具、ポスター、絵画、銀細工の時計などの作品を1896年のアーツ・アンド・クラフツ展に出品しました。ところが主催者は彼らの曲線的なデザインが気に入らず、「奇妙な装飾の病」だと非難して、それ以降の同展への出品を禁止します。源流はアーツ・アンド・クラフツにあるとはいえ、やはりアール・ヌーヴォーはそれ以前までの装飾とは一線を画する異質なものだったのでしょう。

しかしその一方で、マッキントッシュは母校グラスゴー美術学校の校舎新築のコンペで入賞。彼をはじめとする**「グラスゴー派」**も、次第に評価を高めていきました。その**校舎**は1909年に完成し、建築家としてのマッキントッシュの代表作となっています。

有名なラダーバックチェアは、マッキントッシュ自身が設計した**「ヒル・ハウス」**という住宅の寝室に置くためにつくったものでした。オリジナルのラダーバックチェアは、現在でもヒル・ハウスに置かれています。

クリムトが主導した「ウィーン分離派」

フランス、ベルギー、スペイン、スコットランドに続いて、次はオーストリア。さまざまな芸術や文化が爛熟（らんじゅく）し、20世紀の社会にも大きな影響を与えたいわゆる**「世紀末ウィーン」**でも、アール・ヌーヴォーは**「ユーゲント・シュティール」**と呼ばれて新しい動きを生みました。

その先頭に立ったのは、画家の**グスタフ・クリムト**（1862－1918）です。伝統にとらわれないアール・ヌーヴォー様式を積極的に取り入れたクリムトの作品は、保守的なウィーンの芸術界で強い反発を受けました。そこでクリムトは、クンストラーハウスという頭の固い芸術家団体に不満を抱く若手芸術家を集めて**「造形美術協会」**という新団体を結成し、クンストラーハウスを脱退。1897年のことでした。旧来のグループから分かれたため、彼らは**「ウィーン分離派（セセッション）」**と呼ばれます。

このウィーン分離派に参加した2人の建築家を紹介しましょう。まずは、**ヨゼフ・マリア・オルブリッヒ**（1867－1908）。彼は、分離派の作品を展示する**「セセッション館」**（1898年完成）の設計で有名になりました。当時のウィーンで展示会場を持ってい

ヨゼフ・マリア・オルブリッヒ「セセッション館」(1898)

たのはクンストラーハウスだけだったので、新しい展示場が必要だったのです。

このセセッション館で何より目を引くのは、白い建物の上に置かれた金色の巨大なドーム。「金のキャベツ」というニックネームもあるそうですが、これは月桂樹をモチーフとしたものです。壁面に施されたフクロウの装飾なども含めて、まさにアール・ヌーヴォー的なデザインといえるでしょう。

ウィーン分離派のもうひとりの建築家は、オルブリッヒの師匠にあたる**オットー・ワーグナー**(1841－1918)です。自分の下で製図家として仕事をしていたオルブリッヒの才能を見出したのが、ワーグナーでした。

彼は、西洋建築がアール・ヌーヴォーを経てモダニズムに向かう時代をある意味で象徴する存在といえるかもしれません。

オットー・ワーグナー「マジョリカハウス」(1899)

たとえば、オルブリッヒのセセッション館とほぼ同じ時期にワーグナーが設計した**「マジョリカハウス」**は、壁面をピンク基調の花柄タイルで覆った集合住宅でした。いまの常識的な感覚からすると「ここに住むのはちょっとご勘弁を」と思う人が多いでしょう。かなり奇抜で大胆な装飾ですが、これをやっても奇人変人とは思われなかったのがアール・ヌーヴォーの時代だったわけです。僕自身はといえば、住むかどうかは別にして、この作品はかなり細やかにつくられているので、決して嫌いではありませんが。

しかし、同じワーグナーが20世紀に入ってから設計したウィーンの**「郵便貯金局」**(1912年完成)は、マジョリカハウスとはかなり雰囲気が違います。外観のロゴや装飾はアール・ヌーヴォー的な感覚が残っていますが、内部の空間は装飾がほとんどあり

オットー・ワーグナー
「ウィーン 郵便貯金局」(1912)

ません。**ガラスと鉄骨のヴォールトや照明など、合理性や機能性が重視**されています。

晩年のワーグナーは、**「芸術は必要にのみ従う」**という有名な言葉を残しました。新しい材料と新しい構造法と新しい人間生活の要求するところから新しい様式が生まれる——それがワーグナーの考えです。

ウィトルウィウスの「用・強・美」でいえば、建築は「用」と「強」が主であって、「美」はそれに従属するものだ——ということになるでしょうか。空間としての合理性や機能性に不要な装飾は否定されるべきだというわけです。そんな建築観を体現したのが、郵便貯金局でした。

アドルフ・ロース『装飾と罪悪』の衝撃

じつは、このワーグナーの言葉をさらに過激にした言葉を残した建築家が、同じウィー

アドルフ・ロース「ロース・ハウス」(1911)

ンにいました。モダニズムの先駆けとなる作品を手がけた**アドルフ・ロース**(1870−1933)です。ウィーン分離派の装飾性を激しく攻撃したロースは、1908年に刊行した自著の中でこんなことを書いて建築界を騒がせました。

「装飾は罪悪である」――。

なんと極端な主張でしょうか。大流行していたアール・ヌーヴォーを全否定する盛大なちゃぶ台返しです。しかしロースのこの言葉は、西洋建築に強烈なインパクトを与え、歴史を動かしました。建築学科の大学生はみんな教わる重要な言葉ですので、みなさんも(期末試験はやりませんが)よく覚えておいてください。20世紀建築の主流となるモダニズムの理念は、まさにそこから生まれたのです。

アドルフ・ロース「ミュラー・ハウス」(1928)

その問題の書『**装飾と罪悪**』の刊行から3年後に完成したロースの作品**「ロース・ハウス」**は、まさに彼の主張を体現したものでした。たとえばこの数年前にガウディがつくった「カサ・ミラ」と見比べると、あまりの違いに驚きます。ロースがいかに装飾を排除しているかがよくわかるでしょう。**玄関も窓も幾何学的な直線で構成されており、装飾と呼べるようなものはいっさいありません。**

このロース・ハウスからロータリーを挟んで向かい側にちらりと見えるクラシックな建物は、ウィーンにあるハプスブルク家のお城です。当然といえば当然なのですが、僕がこの写真を一生懸命に撮っているとき、観光客のみなさんはロース・ハウスになど見向きもせず、お城のほうに向かってぞろぞろと歩いていました。僕を横目で見て、「あいつはなんであんなつまらん建物を撮っているんだ?」とでも言いたそうに怪訝(けげん)な顔をした人もいます。

でも僕たち建築家にとっては、こちらも大きな歴史的価値を持つ観光名所。1階の無機的な開口部が、「装飾は罪悪だ!」と叫んでいるようにさえ感じてしまいます。

ロースが晩年に設計した**「ミュラー・ハウス」**(1928)は、最小限の窓しかないきわめてシンプルな外観になりました。これが完成した年には、それ以降、モダニズム建築の展開に大きな影響力を持った**CIAM(Congrès Internationaux d'Architecture Moderne=近代建築国際会議)**がル・コルビュジエらによって創設されています。

独自のロマネスクを生んだ米国のリチャードソン

こうして西洋建築史はいよいよモダニズムに突入していくわけですが、それは次章でお話しすることにして、ここではその直前の時代に活躍した建築家たちをもう少し紹介しておきましょう。

まずは、のちにCIAMの創設メンバーのひとりにもなったオランダの**ヘンドリク・ペトルス・ベルラーヘ**(1856－1934)。**「オランダ近代建築の父」**とも呼ばれています。

ベルラーヘ「証券取引所」(1903)

１９１０年以降のオランダでは、**「アムステルダム派」**と呼ばれる建築家グループが活躍しました。彼らの作品はオランダの伝統的な素材であるレンガを多用するのが特徴でしたが、１９０３年に完成したベルラーヘの代表作**「証券取引所」**はその先駆けともいえるでしょう。外観はアムステルダムの街並みにうまく溶け込むようなデザインですが、内部の巨大な空間は、レンガと鉄骨を組み合わせた新しい表現になっています。

しかしベルラーヘには**新古典主義的な側面**もありました。１９２０年に完成した**「聖ヒューバートの狩猟館」**は、やはりレンガでつくられていますが、**ロマネスク建築**を思わせるような重厚感があります。

こうしたベルラーヘの志向は、**ヘンリー・ホブソン・リチャードソン**（１８３８－１８８６）という米国の建築家からの影響によるものでした。

シカゴ派のバーナムやサリヴァンよりも年長のリチャードソンは、まだ米国で体系的な建築教育ができあがる以前の建築家という点で、米国ではたいへん尊敬されて

ヘンリー・ホブソン・リチャードソン
「トリニティ教会」(1877)

いる重要な人物です。当初は土木工学をやりたくてハーバード大学に進んだリチャードソンは、途中から建築学に興味を抱きましたが、当時の米国にはそれを教えてくれる場がありません。アメリカの若者たちは、1865年にマサチューセッツ工科大学が建築学科の授業を開講するまで、ヨーロッパに留学するしか建築学を勉強する方法がありませんでした。因みに、日本の建築教育が始まったのは1871年ですから、その起源はアメリカにたった6年しか遅れていません。こうして彼はパリに留学し、22歳でエコール・デ・ボザールに入学します。ボザールで学んだ米国人は、彼が2人目でした。

1865年に米国に戻ったリチャードソンは、ロマネスク様式を基本とする独自の設計を磨きます。その作風は**「リチャードソン・ロマネスク」**と呼ばれました。

ボストンのコプリー広場に建てられた**「トリニティ教会」**は、彼の特徴がよくわかる代表作です。これが完成したのは、1877年。時代が前後してしまいましたが、シカゴ大火の翌年ですから、まだシカゴ派の活躍は始まっていません。

とはいえ、すでに建築技術の点では、窓を大きく取ることはいくらでもできるようになっていた時代です。しかしロマネスク様式を好むリチャードソンは、あえて開口部の小さい重厚な設計を行ないました。

ただし、古き良きロマネスク建築をそのまま再現しただけのアナクロニズムではありません。この教会の設計におけるいちばん顕著な特徴は、開口部のアーチを支える柱の数。ロマネスク建築は1本の太い柱で支えるのが基本でしたが、**リチャードソンは2本の細い柱**を並べています。

そこが、じつに面白い。僕が思うに、太い柱を1本にすると、並んだアーチ群がひとつの区画のように見えて、重たい印象になってしまいます。そもそもロマネスク建築は重厚さが特徴ですが、リチャードソンはそれをあえて軽やかに見せました。技術的には柱などなくても建物は大丈夫なので、これは装飾にすぎません。それを2本にして新しさを表現したところが、同業者には「ニクいね！」と感じられるのです。

当時の米国にはヨーロッパの古典主義への憧れが根強くあったこともあり、リチャードソンの設計事務所にはたくさんの仕事が舞い込みました。母校ハーバード大学の依頼で設計したレンガづくりのシーバーホール、総監督を務めたニューヨーク州会議事堂など、いずれもどっしりとしたリチャードソン・ロマネスク。トリニティ教会では2本だったアーチの柱は、ニューヨーク州会議事堂では3本になっています。

20世紀を迎えても「古典」を好んだ米国

そのリチャードソンと並んで米国建築史の草創期ともいえる時代に活躍したのが、**フランク・ファーネス**（1839－1912）です。ハーバード大学を経てボザールに留学したリチャードソンと違い、ファーネスは大学にも行かず、生地フィラデルフィアの建築事務所で仕事を覚えました。

その代表作とされるのは、1879年に銀行兼保険会社のために建てられた「**プロビデント・ライフ&トラスト・カンパニー**」のビル。かなりユニークなデザインで、ちょっと機動戦士ガンダムみたいな巨大ロボットを思い浮かべたりもしますが、その一方で、

フランク・ファーネス「プロビデント・ライフ&トラスト・カンパニー」（1879）

古代エジプト建築のようなテイストもあります。そういう独特の折衷主義的な発想が、ファーネスという建築家の特徴でした。

「ペンシルベニア美術アカデミー」も、いろいろな要素が混在していて、僕たち専門家でも読むのが難しい作品です。ロマネスク風なところはありますが、リチャードソンとは違いますし、柱も定型的なものではありません。アカデミックな建築教育を受けていないからこそ、自由で大胆なアイデアを形にできたのでしょう。

このファーネスの弟子筋にあたるのが、前に取り上げたルイス・サリヴァンです。サリヴァンは16歳でマサチューセッツ工科大学に入学しましたが、1年後にはフィラデルフィアに移住。そこで入ったのが、ファーネスの建築事務所でした。そこからシカゴに移り、ボザールにも留学して、「シカゴ派」を代表する建築家となったわけです。シカゴ派の源流になったという意味でも、ファーネスは米国建築史の重要人物といえるでしょう。

フランク・ファーネス
「ペンシルベニア美術アカデミー」(1876)

マッキム・ミード・アンド・ホワイト「ペンシルバニア駅」(1911)

また、1870年代の終わりから20世紀初頭まで米国で活躍したのは、シカゴ派だけではありません。1879年には、この時期の米国でもっとも強い影響力を持つ建築事務所が生まれました。3人の建築家が共同で立ち上げた**「マッキム・ミード・アンド・ホワイト」**です。

チャールズ・フォレン・マッキム(1847−1909)と**スタンフォード・ホワイト**(1853−1906)の2人はいずれもパリのボザールで学び、リチャードソンの事務所に勤めました。**ウィリアム・ラザフォード・ミード**(1846−1928)は、マッキムがニューヨークの建築事務所にいたころの同僚です。

米国社会の経済発展期に、彼らは住宅から公共施設まで数多くの建築を手がけました。その多くは、ルネサンス建築の影響が濃い古典的なものです。ここまで本書を読み進めてきたみなさんなら、写真を見ただけでピンと来るでしょう。

たとえば1898年の**「コロンビア大学法学図書館」**の正面玄関に並んでいるのは、イオニア式の柱。一方、1911年の**「ペンシルバニア駅」**には、男性的なドリア式の太い円柱がたくさん並んでいます。20世紀を迎えてもこういうクラシックな建物が好まれたのですから、やはり米国の**「ヨーロッパ・コンプレックス」**は根強いものだったのでしょう。

前にお話ししたとおり、リチャードソンの新古典主義はオランダのベルラーへに影響を与えました。一方、古典を重視するパリのボザール教育は米国の建築家に影響を与え、マッキム・ミード・アンド・ホワイトの新古典主義を支えました。モダニズムの確立を目前に控えた時代でも、ウィトルウィウスの『建築十書』に始まる古典主義は、ヨーロッパと米国を行き来しながら存在感を失わなかったのです。

第5章

モダニズムの巨匠たち

アール・ヌーヴォーからモダニズムへの橋渡しをしたベーレンス

18世紀と19世紀の産業革命によって素材や技術が進歩したことで、西洋建築は「用」「強」の面で大きく変化しました。さらに「美」の面では、アール・ヌーヴォーという流行に刺激を受けながらも、やがて「装飾」を否定するモダニズムに向かいます。

そのアール・ヌーヴォーからモダニズムへの橋渡しをしたという意味で、この時代を語るときに外せない人物がドイツにいました。3章でも「シンケルの新古典主義を研究した建築家」として名前の出た**ペーター・ベーレンス**（1868－1940）です。

もともとはミュンヘンで画家やグラフィックデザイナーとして活動していたベーレンスは、アーツ・アンド・クラフツ運動のウィリアム・モリスの影響もあって、1892年に**「ミュンヘン分離派」**というアール・ヌーヴォーのグループに加わりました。

前章ではクリムトが立ち上げたウィーン分離派を紹介しましたが、「分離派」という言葉を最初に使ったのはミュンヘン分離派です。ドイツ語圏でアール・ヌーヴォーが**「ユーゲント・シュティール」**と呼ばれるようになったのも、ミュンヘン分離派が起源。彼らが刊行した雑誌のタイトルが『**ユーゲント**』だったのです。ベーレンスもその『ユーゲント』の表紙に、いかにもアール・ヌーヴォー風の絵を描いたりしています。

ベーレンスが建築家に転じたのは、1901年に**ダルムシュタットの芸術家村に建てた自邸(ベーレンス・ハウス)**を設計したことがきっかけでした。そのデザインは、基本的にアール・ヌーヴォー。外壁の曲線も室内の装飾も、当時の流行を取り入れています。

その頃のベーレンスは、食器や照明器具などのデザインも手がけていました。それにも、アール・ヌーヴォーの影響が見て取れます。1905年につくられた照明スタンドの装飾は、なんとなくバッタの脚のように見えなくもありません。

しかし、19世紀末から一世を風靡(ふうび)していたアール・ヌーヴォーは、その頃すでに下火になっていました。1907年には、ミュンヘンで新しいグループが登場します。ドイツの産業と芸術の統一を目指した**「ドイツ工作連盟」**という団体です。

ベーレンス「ベーレンス・ハウス(自邸)」(1901)

その団体の中心的な存在だった**ヘルマン・ムテジウス**（1861－1927）は、プロイセン政府の官吏としてロンドン大使館に勤務したことがあり、そこでアーツ・アンド・クラフツ運動の影響を受けていました。その前には明治時代の日本に赴任し、議事堂や官庁などを霞が関付近に集中させる首都計画に建築技師として従事しています。

このドイツ工作連盟に参加したベーレンスは、同じ年にベルリンで設計事務所を開き、電機メーカーＡＥＧのデザイン顧問に就任。そこで始めたインダストリアル・デザインは、それまでの仕事とはかなり趣の異なるものになりました。アール・ヌーヴォー的な曲線は影を潜め、直線的なデザインになっています。

近代建築の４大巨匠

そして1910年には、ベーレンスが設計した**「ＡＥＧタービン工場」**が完成しました。これも、1901年の自邸とはまったく違い、装飾がほとんどありません。コンクリート、スチール、そしてガラスで覆われた巨大な建物は、外観も内部もまさに近代建築の特徴である合理性と機能性を感じさせます。

その一方で、ベーレンスが好きだったシンケルの新古典主義の影響も少なくありません。

ベーレンス「AEGタービン工場」(1910)

コンクリートの外壁に刻まれた水平のラインは、機能的には不要なデザインですが、重たい石をいくつも積み重ねた古代建築を思わせます。多角形を半分にした形状の屋根も、ローマのパンテオンのような三角形のペディメントとは違うものの、クラシカルな雰囲気を醸し出しているといえるでしょう。

しかしこのAEGタービン工場の10年後には、その古典風味もなくなりました。1920年にGHH製鉄所が実施したコンペで選ばれた**「GHH中央倉庫」**(完成は1925年)を見ると、すっかり近代的な姿になっています。

この倉庫の特徴は、正方形の窓が何度もリピートされることで横長の建物の「水平」が強調されていること。そこには、1910年代の半ばから30年代にかけて流行した**「アール・デコ」**の雰囲気も少しあるように感じます。

アール・ヌーヴォーの衰退から10年ほどで新しい流行が生まれたわけですから、やはり人間の文化は「装飾」

ベーレンス「GHH中央倉庫」(1925)

を求めるものなのかもしれません。曲線や動植物のモチーフが特徴だったアール・ヌーヴォーとは対照的に、アール・デコは直線や幾何学的な図形などによる装飾が特徴でした。

芸術性や細かい職人技が求められるアール・ヌーヴォーと比べると、アール・デコは大量生産される工業製品の機能美や実用性との相性が良かったのだろうと思います。アーツ・アンド・クラフツやアール・ヌーヴォーはどちらかというと高級品の装飾でしたが、アール・デコは一般大衆にも消費される流行でした。

アール・デコについては、また別の章で詳しく触れることになるでしょう。ともあれ、アール・ヌーヴォーからスタートして近代的なデザインに至ったベーレンスは、建築家としての名声を高めました。

これは余談ですが、後年、ナチス・ドイツの建築家としてアドルフ・ヒトラーに気に入られたアルベルト・シュペーア（1905－1981）は、ベーレンスの作品が大好きだったそうです。ヒトラーは古代の建築様式を志向したため、ナチス政権下のドイツでは、後ほど紹介するバウハウスの関係者をはじめ、モダニストは弾圧を受けました。しかしベーレンスはシュペーアのお気に入りだったため追放も処刑もされず、1940年に71歳で亡くなるまで、プロイセン芸術アカデミーの建築家教授職を続けられたといいます。

さて、有名になったベーレンスの事務所には、次の時代を担うことになる3人の若い建築家が同じ時期に在籍していました。**ヴァルター・グロピウス**（1883－1969）、**ミース・ファン・デル・ローエ**（1886－1969）、そして、あの**ル・コルビュジェ**（1887－1965）です。

グロピウスは、のちに**バウハウスを創立**した人物。ミースは、「**Less is more（少ないほど、豊かである）**」というミニマリズムの名言を残しました。アドルフ・ロースの「装飾は罪悪である」と並んで、モダニズム建築を象徴する言葉なので、建築学科の学生ならみんな知っているはずです。ル・コルビュジェは「**近代建築の5原則**」を打ち出し、世界中の建築家に影響を与えました。

グロピウスとミースはドイツ、ル・コルビュジェはスイスの出身。この3人に米国の**フランク・ロイド・ライト**を加えた面々のことを**「近代建築の4大巨匠」**と呼ぶこともあります。4大巨匠のうちヨーロッパの3人がベーレンスの下で働いていたのですから、その存在感は相当なもの（ちなみにライトはシカゴ派のサリヴァンの弟子でした）。後年、グロピウスは「ベーレンスは私に建築に関する問題の解き方を理論的かつ系統的に教えてくれた最初の人物だ」「ベーレンスはアール・ヌーヴォーと初期工業化建築の橋渡しをしてくれた」などと書き残しています。

ル・コルビュジェの「ドミノシステム」とは何か

では、4大巨匠の仕事に触れながらモダニズム建築の歴史を概観しましょう。

まずは、西洋建築史上最大の有名人である**ル・コルビュジェ**。スイスの時計職人の家に生まれたル・コルビュジェは、家業を継ぐために美術学校で彫刻や彫金を学びましたが、視力が弱かったこともあり、その道を諦めます。建築に方向転換したのは、美術学校の校長のすすめによるものでした。

1908年、21歳でパリに行ったル・コルビュジェが最初に入ったのは、**オーギュスト**

オーギュスト・ペレ
「聖ジョセフ教会」（1975）

オーギュスト・ペレ「ノートルダム・
デュ・ランシー教会」（1923）

ト・ペレ（1874―1954）の事務所です。

　ペレは、**「鉄筋コンクリートの父」**として知られる建築家。古典的な建築様式と鉄筋コンクリートという新しい素材を融合させました。1923年に完成した**「ノートルダム・デュ・ランシー教会」**や、晩年の1945年に設計して死後に完成した**聖ジョセフ教会**を見れば、ペレの設計の特徴は明らかでしょう。装飾がなく、じつに機能的です。そういわれなければ、ローマ・カトリックの教会だとは思わない人も多いのではないでしょうか。

　ル・コルビュジエは、このペレの薫陶（くんとう）を受けるところから建築家としてのスタートを切りました。その後、1910年にドイツに渡ってベーレンスの事務所に（短期間ですが）籍を置き、腕を磨いたわけです。

ル・コルビュジェ「ドミノシステム」

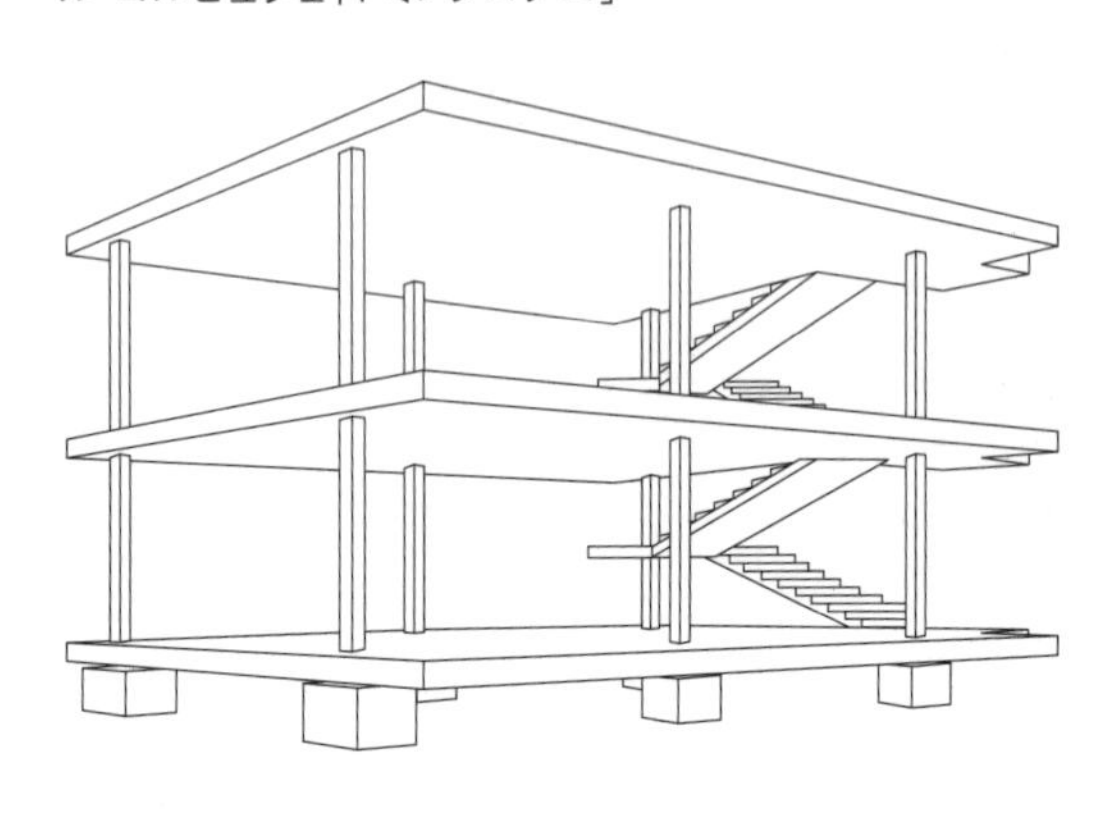

その後、美術学校で教壇に立つなどしながら独自の理論を考えるようになったル・コルビュジェは、1914年に**「ドミノシステム」**という鉄筋コンクリートによる住宅の建設手法を発表しました。この「ドミノ（Dom-ino）」は、フランス語の「dom（住む）」と「ino（新しい）」を合わせたル・コルビュジェの造語です。このシステムが、のちに発表した**「近代建築の5原則」の原型**となりました。

ドミノシステムでは、図のように**床、柱、階段の3つだけが建築構造の要素です**。この考え方が新しいのは、**建物の構造から「外壁」を自由にしたこと**でした。

石やレンガなどを積み上げる伝統的な建築手法では、構造全体を支える上で外壁は欠かせません。しかしル・コルビュジェは、床にも柱にも鉄筋コンクリートを使ったこのユニットを組み合わせれば、それだけで建物は建つと考えました。外壁の「自由」とは、そういう意味です。

そのため、外壁は全部ガラスでもかまいません。また、伝統的な構造では必ず柱が外壁と組み合わさって建物の表側に出ていましたが、ドミノシステムでは柱の位置を内側に寄せることができるので、柱の見えないフラットな外壁にすることもできます。そのような外壁は、のちに**「カーテンウォール」**と呼ばれるようになりました。

「住むための機械」としての住宅

ドミノシステム発表から3年後に再びパリに行ったル・コルビュジエは、詩人や画家といっしょに**『エスプリ・ヌーヴォー』**という雑誌を創刊します。じつは、彼が「ル・コルビュジエ」を名乗ったのはこの頃からでした。これはペンネームで、本名はシャルル＝エドゥアール・ジャヌレ＝グリといいます。

その雑誌に掲載した記事をまとめた『建築をめざして』というル・コルビュジエの著作は、広く注目されました。そこには**「住宅は住むための機械である」**という有名な言葉も書かれています。それが、ル・コルビュジエの根本的な考え方でした。

その考え方を形にしたのが、１９２２年に発表した**「シトロアン・ハウス」**というモデルです。「シトロアン」は、自動車メーカーの「シトロエン」に引っかけたネーミング。工場で大量生産される自動車が一般大衆にも「移動のための機械」として広まったのと同じように、住宅も大量生産できる大衆消費財になるべきだ、ということでしょう。

シトロアン・ハウスの模型を見ると、1階はピロティになっており、車庫や納戸として使うことができます。1階をこのような外壁なしの構造にするのは、ドミノシステムでなければできません。ピロティは、のちほど紹介するル・コルビュジエの「5原則」のひとつにもなっています。

シトロアン・ハウスは、窓枠の平面構成も特徴的です。これは黄金比を使ったものでしょう。晩年のル・コルビュジエは、ウィトルウィウスやレオナルド・ダ・ヴィンチの人体図なども参考にしながら人体の比率を割り出し、それとフィボナッチ数列や黄金比に基づいて「モデュロール」という建造物の基準寸法を考案しました。古代ローマの『建築十書』は、モダニズムの巨匠にさえそういう形で影響を及ぼしたわけです。

これはまったく本筋と関係ありませんが、その作業を手伝ったル・コルビュジエの弟子ジェルジー・ソルタンは2005年に92歳で亡くなりましたが、僕の通った米国の大学で教えていたので（教わったことはありませんが）、学生時代にお姿を見たことはあります。そのソルタンの同僚だったジョセフ・ザレフスキー先生もル・コルビュジエのお弟子さんで、僕は彼からはル・コルビュジエ的な設計を学びました。

ところで、1925年のパリ万博は「アール・デコ博」と呼ばれたほどアール・デコで飾られた建物が並びました。しかしル・コルビュジェは、そこで**「エスプリ・ヌーヴォー館」**というまったく装飾のない展示館を設計。やはり、装飾をめぐる攻防（？）は西洋建築史のいろいろなところに顔を出します。

そこにサンプルとして展示されたのが、ドミノシステムのユニットを組み合わせた**「ヴィラ型共同住宅」**でした。400メートル×200メートルという広い敷地を持つ団地計画ですが、実現はしていません。

しかし万博に展示されたサンプルはいまも残っています。集合住宅でありながら、各戸にテラスや吹き抜けの庭があり、それぞれが一戸建てのように暮らすことができる。一部は、メゾネット式の2階建てになっていました。

この計画でル・コルビュジェが考えたのは、人口が密集した都市で人々がいかに健康的に暮らすか——という問題です。まず、低層住宅で都市を埋めてしまうと、広場や公園などのオープンスペースが取れません。しかし高層の集合住宅という密度の高い空間をつくれば、限られた面積の都市にそういう余裕が生まれます。そういう都市計画的な発想が根本にあったのでしょう。

ただ、高層住宅は密度が高いので、そこでの暮らしを息苦しくしない工夫が必要です。だから窓を広く取って太陽の明るい光を入れ、自然の風が通る吹き抜けのテラスには木も植える。いくら「住むための機械」といっても、単に住人を収容できればよいというものではありません。健康的な快適さも含めて、ル・コルビュジェは住宅に必要な「機能」だと考えたのだろうと思います。

近代建築の5原則を体現したサヴォア邸

そして1927年、ル・コルビュジェはスイスの建築家アルフレッド・ロートの著作に寄せた序文の中で、**「近代建築の5原則」**を発表します。それは次の5つでした。

(1) ピロティ
(2) 屋上庭園
(3) 自由な平面
(4) 水平連続窓
(5) 自由な立面

この5つの要素をまとめて表現したのが、1929年から1931年にかけて建設され

ル・コルビュジェ「サヴォア邸」(1931)

た**「サヴォア邸」**です。ル・コルビュジェの代表作のひとつとなったのはもちろん、20世紀を代表する住宅として高く評価され、フランスの歴史的建築物にも指定されました。

この傑作を通して、「5原則」の内容を見ていきましょう。

まず(1)のピロティ(柱だけの吹き抜けの空間)は、一目瞭然です。シトロアン・ハウスのアイデアをそのまま実作したようなものになりました。(2)の屋上庭園には、螺旋(らせん)形のスロープを通って上がることができます。広々としたフラットなスペースなので、自然の光や風を思い切り浴びることができるでしょう。

(3)の「自由な平面」も、ドミノシステムによって可能になりました。このシステムは、設計する上で構造のための外壁を考える必要がありません。

そのため、壁による部屋の仕切りをいかようにも自由に設定できるのです。

また、外壁が構造に不可欠だった時代には、窓はその外壁に穴を開けるだけのものでした。でも外壁が構造から解放されれば、このサヴォア邸のように水平に連続した窓にしても問題ありません。当然、ガラスも含めて外壁の素材は何でもいい。それが「自由な立面」の意味です。(4)も(5)も、ドミノシステムによって実現したものでした。

この本の最初のほうで、建築とは「空間」をつくることだという話をしたのを覚えているでしょうか。ル・コルビュジエがサヴォア邸でつくり上げた空間は、それまでの伝統的な西洋建築とはまったく違う斬新なものでした。竣工から90年ほど経ったいま見てもその自由で開放的な美しさに感心するぐらいですから、当時の建築家たちには相当なインパクトを与えたにちがいありません。

新たな空間を創出したグロピウスの「ファグス靴型工場」

ル・コルビュジエの名前はこの後もたびたび出てくると思いますが、ここで次の巨匠の話に移りましょう。**ヴァルター・グロピウス**です。

ベーレンスの事務所で3年ほど経験を積んだグロピウスは、**アドルフ・メイヤー**という

ヴァルター・グロピウス、アドルフ・メイヤー「ファグス靴型工場」(1925)

建築家といっしょに自分の事務所を開きました。2人で設計を手がけた最初の作品は、1911年に着工した**「ファグス靴型工場」**です。第一次世界大戦(1914―1918)をはさんで増築工事が続けられ、最終的には1925年に完成しました。ユネスコの世界遺産に登録されていますが、現在も靴型工場として稼働しています。

一見して、ベーレンスのAEGタービン工場を思い出す人もいるでしょう。ガラス窓で覆われた外壁や入口のファサードに刻まれた横線など、師匠の影響はたしかにあります。

ただ、ベーレンスの工場は鉄骨の柱がガラス窓よりも前に出ていました。でも、こちらは柱が後ろに下がり、ガラスが前に出ている。ル・コルビュジエがドミノシステムを発表したのはグロピウスがこれを設計した後ですが、この工場は**「カーテンウォール」**を設計に取り入れたことで、師匠ベーレンスのAEGタービン工場に対しての批評作であるともいえるでしょう。

また、垂直性が強調されたベーレンスの工場と違い、水平方向にリピートされるガラス窓も、ル・コルビュジェのサヴォア邸を思い起こさせるものがあります。

面白いのは、エントランスのデザイン。左右対称になっておらず、入口が向かって左にズレています。そして右側には、側面のガラスが角を曲がって入り込んでいる。柱もなく、建物の角がオープンになっているので、建物の中からは2つの方向を見ることができるわけです。これは新しい「空間」のあり方といえるでしょう。

グロピウスは、ベーレンス事務所に入った頃に、ドイツ工作連盟に参加しました。そして1914年には、その連盟の展示ホールを設計します。

これもガラスで覆われた近代的なデザインですが、左右対称で1階に同じ柱が何本もリピートされているあたりは、クラシカルな趣(おもむき)。ベーレンスが好きだったシンケルのアルテス・ムゼウムを思い出させる雰囲気です。グロピウスの大伯父マルティン・グロピウスはシンケルの弟子筋にあたる建築家だったので、あるいはそこからの影響もあったのかもしれません。

最先端の芸術教育を志向したバウハウスの誕生

第一次世界大戦終結の翌年、ワイマールの美術学校と工芸学校が合併する形で新たな学校が誕生し、グロピウスはその初代校長に就任しました。もともとあった工芸学校は、1902年にベルギーの建築家**アンリ・ヴァン・デ・ヴェルデ**（1863－1957）が設立した「工芸ゼミナール」が母体。それが数年後に公立学校となりました。

ヴァン・デ・ヴェルデはドイツ工作連盟にも参加して中心的なメンバーになりましたが、あるとき同連盟のリーダー格だったムテジウスと対立。アール・ヌーヴォーを好むヴァン・デ・ヴェルデは、大量生産のために製品の規格化を主張するムテジウスと激しい論戦を行ないました。この**「規格化論争」**がきっかけで、ヴァン・デ・ヴェルデはドイツを去ります。

そこでヴァン・デ・ヴェルデが工芸学校を託したのが、グロピウスです。彼は新しい学校を**「バウハウス（建築の家）」**と名づけました。中世ヨーロッパの建築職人組合「バウヒュッテ（建築の小屋）」をアレンジしたものです。

バウハウスは、工芸、写真、デザインなどを含む美術と建築の総合教育を行なう学校と

グロピウス「バウハウス デッサウ校舎」(1926)

してスタートしました。そこで追求されたのは、無駄な装飾を廃した合理主義的で機能主義的なアート。まさにモダニズムの先端を行くものです。そこには、**パウル・クレー**(1879－1940)や**ワシリー・カンディンスキー**(1866－1944)、**リオネル・ファイニンガー**(1871－1956)など錚々(そうそう)たる面々が教員として参画しました。

この時代、これほど先進的な芸術教育を志向した学校はありません。当然、尖(とが)ったセンスを持つ前衛的な学生たちがたくさん集まりました。

しかし、これが地元の人々とは相性が悪い。ワイマールは保守的な住民の多い町だったため、バウハウスは嫌われてしまいました。そのため3年後にはワイマールから追い出されるようにして、デッサウという町に移転します。

デッサウには、**グロピウスの設計した校舎**が新築されました。ガラスのカーテンウォールは、モダニズムを志向するバウハウスにぴったりの外観です。また、この建物は隣接するデッサウ市立職業学校と空中の通路で結ばれました。その通路は、両者のあいだにある公道の上を横切る形になっています。そこには、「都市デザインに介入する建築」というグロピウスのメッセージも込められていました。

ナチスの弾圧を受けて閉鎖

バウハウスでは、3人の日本人が学んでいます。最初に留学したのは、東京美術学校（のちの東京藝術大学美術学部）の助教授だった**水谷武彦**（みずたにたけひこ）（1898－1969）。1927年に文部省の給付学生としてドイツに渡り、バウハウスではカンディンスキーや2代目校長の建築家ハンネス・マイヤーなどの教えを受けました。

さらに1930年には、東京美術学校図案科第二部（建築科）出身の**山脇巌**（やまわきいわお）（1898－1987）が夫人の**山脇道子**（みちこ）（1910－2000）と共にバウハウスに入学しています。こちらは官費ではなく、裕福な道子の実家がサポートしました（道子の父親は裏千家の茶人でした）。

しかし当時のドイツは、ヒトラー率いる国民社会主義ドイツ労働党（ナチス）が選挙で勢力を伸ばしていた時期。1932年には議会の第一党となりました。前衛的な教育を進めてきたバウハウスはナチスの弾圧を受け、デッサウ校を閉鎖。ベルリンに移りましたが、

山脇巌「三岸家住宅アトリエ」(1934)

「三岸家住宅アトリエ」の内部

ナチスが政権を取った1933年にはそれも閉鎖されました。

山脇巌は、デッサウ校が閉鎖された1932年に日本に帰国。その年に**『バウハウスへの打撃』**と題したフォトコラージュ作品を発表しました。倒れたバウハウス校舎の上をナチスの将校らが闊歩し、学生たちが恐怖に怯えているという作品です。

その山脇巌が1934年に洋画家の**三岸好太郎**（**1903－1934**）と**三岸節子**（**1905－1999**）**夫婦のために設計したアトリエ**は、いかにもバウハウスで学んできた人らしいものでした。バウハウス校舎のミニチュア版のようにも見えます。ナチスに倒されたバウハウスの面影を少しでも残しておきたい……そんな思いもあったのかもしれません（ちなみに、三岸アトリエは現存している戦前の木造モダニズム建築という意味でも貴重な作品です）。

その後、山脇巌は帝国美術学校（現在の武蔵野美術大学）の校長、造型美術学園の学園長などを経て日本大学の教授となり、同大学の芸術学部デザイン科の基礎をつくるなど、美術教育の世界で活躍しました。短期間で終わったバウハウスですが、その息吹はいまの日本にも脈々と受け継がれているといえるかもしれません。

ミース・ファン・デル・ローエの「バルセロナ・パビリオン」

そのバウハウスで最後に校長を務めたのが、これから紹介する3人目の巨匠、**ミース・ファン・デル・ローエ**です。

石工の息子として生まれたミースは、正規の建築教育は受けていません。木造建築や家具などの職人仕事を実地で学びました。ベーレンスの事務所に入ったのは、1909年の

ミース・ファン・デル・ローエ「バルセロナ・パビリオン」(1929)を復元。「ミース・ファン・デル・ローエ記念館」

こと。そこから独立して最初に依頼されたのは、**「クローラー・ミュラー邸」**という1階建ての別荘です。これは実際には建てられませんでしたが、スケッチや実寸大の模型の写真が残っています。シンケルを思わせるようなクラシカルな柱がたくさん並んでおり、まだミニマリストの雰囲気はありません。

しかし1919年と1922年に提案した高層ビルのスケッチや模型は、まさにミニマリスト。こちらも実作はされていませんが、全面をガラスで覆われたビルには、余計な装飾がまったくありません。彼が**「Less is more」**と主張して建築界に強いインパクトを与えたのは、この1922年の**「Glass Highrise Tower」**を発表したときでした。

そして1929年、ミースはバルセロナ万博でドイツ館の設計を担当。この**「バルセロナ・パビリオン」**は彼の代表作のひとつとなり、1986年に万博と同じ場所に復元されて「ミース・ファン・デル・ローエ記念館」になっています。

この作品のいちばんの見どころは、その空間の美しさ。大理石やオニキス（縞瑪瑙）など石材やガラスでつくられた壁を、天井や床などの構造からは独立して自由に配置することで、それまでの建築には見られなかった流れるような空間が生まれました。このような空間構成は、現在にいたるまで建築家たちのお手本になっています。

また、いまや定番のデザインとして人気の高い「バルセロナ・チェア」は、バルセロナ・パビリオンで行なう万博のレセプションで、スペインの王族たちが休憩する椅子としてミースがデザインしたもの。交差した脚が特徴的なこの椅子をどこかで見かけたら、モダニズムの巨匠の名を思い出して、その座り心地を試してみてください。

恋人と裁判沙汰になった傑作「ファンズワース邸」

バルセロナ万博の翌年、ミースはグロピウスの推薦によって、バウハウスの3人目の校長に就任します。しかし前述したとおり、ナチスの弾圧を受けてバウハウスは3年後の1933年に閉鎖されてしまいました。

米国に亡命したミースは、1938年からシカゴのイリノイ工科大学（当時の名称はアー

ミース・ファン・デル・ローエ
「イリノイ工科大学　クラウンホール」（1956）

ミース・ファン・デル・ローエ「ファンズワース邸」（1950）

マー大学）建築学科の主任教授となります。そこでは、大学のキャンパス設計も自ら手がけました。

1950年代にキャンパス内に完成した**「クラウンホール」**も彼の名作のひとつです。鉄筋コンクリートを使わず鉄骨とガラスだけのシンプルな構造になっており、天井は上の鉄骨から吊り下げる形になっているので、内部空間には柱が1本もありません。そのため、自由な壁で仕切られた広大な空間になりました。

ミース・ファン・デル・ローエ、フィリップ・ジョンソン
「シーグラム・ビルディング」(1958)

同じ時期に設計した**「ファンズワース邸」**も、ミースの代表作として知られています。施主のエディス・ファンズワースは精神科の女性医師で、当時、ミースとはラブラブの関係にありました。彼女が週末を過ごす別荘として設計したのが、この作品です。この土地は近くの川がときどき氾濫するので、床が高くなっています。

内部の壁は、どれも天井まで届いていません。トイレの壁さえ、天井とのあいだに隙間があります。内部になるものはすべて「家具」のようなものであって、建築物ではない。だから空間はひとつでよい——それがミースの考え方でした。

また、この別荘は外壁がすべてガラスで、部屋の中が丸見えです。人の来ない広い私有地に建てた別荘とはいえ、ミースのような有名人が設計したとなれば、見物に訪れる人もいるでしょう。プライバシーが守れません。エディスは無理やりカーテンを嫌がりましたが、ミースはそれを取り付けました。

じつはこの別荘が原因で裁判沙汰になってしまい、ミースとエディスの関係は破局を迎えます。建設費が当初の予算を大幅に超えてしまったため、

エディスは「こんな使いにくい家なのに！」と腹を立て、設計料も払わない。裁判ではミースが勝ちましたが、主のいなくなったファンズワース邸は、現在、地元のナショナルトラスト（歴史的価値のある建築物を保護する団体）が管理しています。

たしかに使いにくい別荘で、用・強・美の「用」を蔑ろにしている面はあるでしょう。でも、ミースほどの巨匠が設計したとなれば、そこを割り引いても価値は高い。たとえば安藤忠雄さんの設計する住宅も、実際に住むには不便なところがあったりしますが、それでも彼の生み出す「美」に価値を見出して購入する人はいくらでもいます。そのレベルまで芸術性が高まると、建築は「住むこともできるアート」になるのかもしれません。

その後、ミースは若い頃は実作までいたらなかった超高層ビルの設計も手がけました。1958年に竣工したニューヨークの**「シーグラム・ビルディング」**は、あとでまた名前の出てくる**フィリップ・ジョンソン**（1906－2005）と共同設計したもの。米国の国家歴史登録財にも指定されている、モダニズム超高層ビルの名作です。

フランク・ロイド・ライトの「プレイリー・スタイル」

ここまで、ベーレンス事務所が輩出したヨーロッパのモダニズム3巨匠を紹介してきました。次の4人目は米国産の巨匠、**フランク・ロイド・ライト**です。帝国ホテルの設計などを通して日本の近代建築にも大きな影響を与えたので、もしかしたら日本ではル・コルビュジエよりも有名な建築家かもしれません。

その人生は、波瀾に富んだものでした。初めてル・コルビュジエに会ったとき、知っているのに「おまえさんは誰だ？」と聞いたという逸話もあるぐらいですから、傲慢で自己中心的な性格でもあったようです。自分を若き天才に見せるために、生まれた年を偽っていたこともありました。

ウィスコンシン州で生まれたライトは、地元の大学の土木科を中退した後、シカゴに移り住みました。その地で働いた2つめの建築事務所が、ルイス・サリヴァンの事務所です。サリヴァンはライトの才能を認めて多くの住宅設計を彼に任せ、ライトもサリヴァンを「愛する師匠」と呼んで尊敬していました。

ところが、事務所に入ってから7年ほど経った1893年にトラブルが起きます。事務所の仕事とは別に、アルバイトで勝手に住宅設計を受注していたことが発覚。裁判を起こされて、ライトはクビになりました。しかし後年、世界的に有名になったライトは、仕事がなくなって苦しんでいたサリヴァンを最後までサポートしたといいます。サリヴァンのことは本当に尊敬し、感謝もしていたのでしょう。

フランク・ロイド・ライト「自宅兼アトリエ（オークパーク）」（1889）

クビになったライトは、１８９５年に船で日本へ行きました。彼が日本を好きになったのは、１８９３年のシカゴ万博がきっかけです。この万博の**日本館「鳳凰殿」**は、宇治の平等院鳳凰堂を模したものでした。

当時は欧米で浮世絵をはじめとする「ジャポニスム」が流行していたので、この鳳凰殿も大人気。浮世絵のコレクターだったサリヴァンにすすめられて、ライトもこれを見に行きました。それ以来、日本贔屓（びいき）になったわけです。

それがのちに帝国ホテルの仕事につながったわけですが、それはずいぶん後の話。独立したライトは、シカゴ郊外のオークパークに自分の事務所を開きました。

その頃に設計した**自宅兼アトリエ**は、**三角形の幾何学的なファサードが印象的**。ライトが建築家を志したのは、幼少時に母親が与えたフレーベルの積み木で遊んだことがきっかけだといわれていますが、これを見ると「なるほど」と思わされます。

ライトはこの町で1910年までのあいだに200件近くの住宅設計を行ないました。その様式は**「プレイリー・スタイル」**と呼ばれています。

プレイリーとは「草原」のこと。僕は車でアメリカ大陸横断を何度もしましたが、シカゴを出てから2日間ぐらいは山がまったくありません。土地が平原であることと、ライトの設計する住宅がフラットな屋根を持つ水平的な構造だったことから、そう名づけられたのでしょう。

当時の米国は、まだヨーロッパを真似た新古典主義建築の全盛期。ライトのこのスタイルは新鮮なものとして受け止められ、建築家としての評価も高まりました。

1910年にはドイツで最初の作品集が刊行され、ライトの才能はヨーロッパでも知られるところとなります。まだベーレンスの事務所に所属していた頃の若きグロピウス、ミース、ル・コルビュジエらも、ライトの作品に強い刺激を受けました。

相次ぐ試練で失意のどん底に

ところが、この頃から彼は相次ぐスキャンダルによって躓(つまず)きます。

まず、設計した住宅の施主の妻メイマー・チェニーと不倫関係になり、泥沼状態に。6人の子どもの母親である妻のキャサリンに離婚を申し入れますが、応じてもらえません。そこで不倫をやめればいいようなものですが、ライトは1909年に事務所を閉じて、チェニー夫人とヨーロッパに駆け落ちをしてしまいました。それから2年間、ベルリンで自分の作品集の編集などはしていましたが、設計はひとつもしていません。

1911年に帰国しましたが、妻子のいるオークパークに戻るわけにもいかず、故郷のウィスコンシン州に「タリアセン」と名づけた家を建ててメイマーと暮らし、設計の仕事も再開しました。不倫と駆け落ちで世間の評判はガタ落ちしていたので、しばらくはなかなか仕事も得られなかったでしょう。

それでも何とか建築家としてやっていこうとしていた矢先に、ライトはひどい悲劇に見舞われました。1914年8月、タリアセンで雇っていた住み込みの使用人が、ライトの留守中に建物に放火した上に、メイマー、彼女の息子と娘、設計士、大工、庭師など7人を斧でめった斬りにして殺害してしまったのです。犯人は動機について何も語らないまま、数週間後に獄中で餓死しました。

家族や仕事の仲間がこんな目に遭ったら、ちょっとやそっとでは立ち直れません。おそらくライトは、失意のどん底まで叩き落とされていたのではないでしょうか。

日本から大きな仕事が舞い込んだのは、そんなときでした。

話を持ち込んだのは、**林愛作**（はやしあいさく）（1873－1951）というビジネスマン。彼はニューヨークで美術商の仕事をしていたときに、浮世絵好きのライトと知り合いました。

その後、林は1909年に帝国ホテルの支配人に就任。その新館をつくることになったので、ライトに設計の相談をしたのです。大好きな日本からの依頼は、絶望的な状況にあったライトを勇気づけたことでしょう。

工部大学校と下田菊太郎

ただし、林が帝国ホテル新館の設計を最初に依頼したのはライトではありません。計画は1911年頃に立ち上がっており、そのときは上海で活動していた**下田菊太郎**（しもだきくたろう）（1866－1931）に依頼しました。ライトのことからは少し離れますが、背景にあった明治期の日本の状況を知ってもらうためにも、ここで下田の話をしておきましょう。

秋田県出身の下田は、１８８３年に工部大学校（東京大学工学部の前身）に入学しました。工部大学校は、１８７７年に工部省が日本最初の工学教育機関として創立したものです。１８８６年に、帝国大学（１８９７年からは東京帝国大学）と合併しました。

入学から2年後に、下田は専門課程の造家学科に進学。前にお話ししたとおり、当時はまだ「建築」という言葉がありませんでした。伊東忠太が、「造家」を「アーキテクチャー」の訳語である**「建築」**にあらためたのは、１８９７年（明治30年）のことです。

ちなみに、工部大学校造家学科の１期生は、**辰野金吾**（１８５４―１９１９）、**片山東熊**（１８５４―１９１７）、**佐立七次郎**（１８５６―１９２２）、**曾禰達蔵**（１８５３―１９３７）の４人。初代帝国ホテルを設計した**渡辺譲**は、彼らのひとつ下の2期生でした。

現在の**「迎賓館赤坂離宮」**は、いわゆる「お雇い外国人」として日本に西洋建築を教えた**ジョサイア・コンドル**（１８５２―１９２０）の最初の弟子である片山東熊が、東宮御所として設計したものです。ネオ・バロックとも呼べるような外観があまりに華美で、住まいとしての使い勝手もよくなく、当時の皇太子（のちの大正天皇）があまり使わなかったので「離宮」になりましたが、日本人が西洋建築をマスターした証という意味でも、歴史的に重要な建物です。

さて、下田が依頼された帝国ホテル新館の件と関係があるのは、造家学科1期生の辰野金吾です。下田は1887年に工部大学校を中退してしまいましたが、その原因は担当教授の辰野との関係が悪くなったことでした。

おそらく下田は鼻っ柱の強い性格だったのでしょう。辰野の講義がつまらないと感じていたようです。だんだん関係が悪くなり、最後は下田の卒業制作に関する指導や相談もできなくなりました。

大学校を飛び出した下田は、1889年に渡米してサンフランシスコの建築事務所に入ります。1893年のシカゴ万博では、その事務所がカリフォルニア館を設計することになり、下田はその現場で設計監理を担当しました。そこで万博総監督の**ダニエル・バーナム**から新しい建築法を学び、のちにバーナムの事務所に移ります。

1895年には独立して、シカゴに自分の建築設計事務所を開設。アメリカで、日本人として初めての登録建築家（日本の一級建築士に相当する資格）となりました。3年後に帰国して横浜に設計事務所を設立しました。1908年には、ドイツ系資本の**「トアホテル」**を設計。「スエズ以東で最高のホテル」などと称賛されています。そして1909年からは上海で活動していました。

紆余曲折を経て完成した帝国ホテルのライト館

林愛作が下田に帝国ホテル新館の設計を依頼したのは、「トアホテル」の実績を買ったからでしょう。ところが、林は下田が提出した設計案をうやむやにしたまま、ライトへの相談を始めました。決して、下田の案が気に入らなかったわけではありません。詳しい事情ははっきりしていませんが、僕はこんなふうに想像しています。

たぶん、林は下田の設計案を帝国ホテル会長の大倉喜八郎に「これで行こうと思います」と渡したのでしょう。そして大倉は、日本建築学会の会長職にあった辰野にそれを見せて「どう思うか」とお伺いを立てた。国家的なプロジェクトではないとはいえ、外国人を相手にする日本最高級のホテルをつくるのですから、「建築界のドン」のご意見を拝聴したくなるのは人情というものでしょう。

しかし辰野は、自分を嫌って大学校をやめた下田なんか大嫌い。米国から帰国した下田が東京で仕事を始めようとしたときも、それを妨害したりしていました。帝国ホテルのような大仕事を下田にやらせたいはずがありません。だから大倉には、「こんな奴を雇ってはいけない」とか何とか言ったのではないでしょうか。

ドンにそう言われたら、下田案を採用するわけにはいかないでしょう。大倉からそれを聞いて、林はライトに声をかけたのだろうと思います。

でも、ゴタゴタはまだ終わりません。ライトが林に提案した設計内容を知った下田は、それが自分の設計案とコンセプトがよく似ていたため激怒し、盗作だとして訴訟を起こしました。うやむやにした自分のアイデアと似たようなものを採用したのですから、怒るのも当然です。

しかも下田がシカゴでバーナムの事務所にいたとき、ライトはライバル関係にあるサリヴァンの事務所にいました。お互いに、あまり良い感情は持っていなかったかもしれません。ライトが1932年に刊行した『自叙伝』には、「良くない日本人」として下田菊太郎に関する記述があります。

ライトが下田案を意識的に盗用したのかどうかは、わかりません。新館は平等院鳳凰堂を下敷きにしたデザインになりましたが、これはそもそも林愛作のアイデアだったともいわれています。ならば、下田とライトの設計案が似たものになる可能性はあるでしょう。ライトはシカゴ万博でそれを模した「鳳凰殿」に感銘を受けています。もちろん下田もそのシカゴ万博の現場で仕事をしていましたから、同じものを見たでしょう。いろいろな意味で、ライトと下田のあいだには因縁があったわけです。

フランク・ロイド・ライト「帝国ホテル ライト館」（1923）

著作権をめぐる裁判は何年もかかり、最終的には帝国ホテル側が下田の要求を受け入れて解決。ライトは１９１６年に帝国ホテルと契約を結び、施工の総指揮を執りました。

しかしライトが石材や木材の選定などを厳しく管理し、耐震や防火への配慮にも熱心だったこともあって、工事は予定よりも時間がかかり、予算も当初の１５０万円から９００万円にまで膨らみました。責任を取って林が総支配人を辞任すると、ライトも完成を待たずに解雇されて日本を離れます。それからは、ライトの弟子である**遠藤新**（えんどうあらた）（１８８９－１９５１）が中心となって工事を進めました。

遠藤は工部大学校造家学科の後身である東京帝国大学建築学科の出身。卒業の翌年には、「ドン」の辰野金吾が設計した中央停車場（東京駅丸の内駅舎）の建築を批判する論文を発表しました。その点では、アンチ辰野の下田も悪い気はしなかったかもしれません。

ゴタゴタ続きの中でようやく1923年7月に完成した**帝国ホテルのライト館**ですが、落成記念披露宴の当日にも思いがけない出来事に見舞われました。その日は、大正12年（1923年）の9月1日。そう、関東大震災の当日です。

しかし、周辺の建物が次々と倒壊し、火災を起こしたりする中で、ライト館だけはわずかな損傷を受けただけで、しっかりと建っていました。自分の設計が功を奏したことを遠藤からの手紙で知ったライトは、たいへん喜んだそうです。

ライトの第二期黄金時代

ライトの設計したホテルが大地震に負けなかったという事実は、新聞を通じて世界中に報道されました。これによって彼の評価は再び高まり、ライトはそこから第二期黄金時代を迎えることになったのです。

それ以降、ライトは数々の傑作を世に送り出しました。その中でもいちばん重要な作品は、1936年にエドガー・カウフマンという百貨店経営者の邸宅としてつくられた**「落**

水荘（Fallingwater）」。その名のとおり近くを流れる川の滝の上に建てられた地上3階、地下1階の住居で、室内の階段から水辺に降りられるようになっています。
美しいのは、垂直に岩から立ち上がるような外壁と、フワッと浮いているように見える各階のテラスのコンビネーション。周囲の自然な景観との組み合わせも見事です。建築学科の学生たちの多くは、製図の課題でこの作品の図面をコピーしたことがあるのではないでしょうか。名作中の名作だと思います。

フランク・ロイド・ライト「落水荘（Fallingwater）」（1936）

もっと規模の大きい仕事としては、1939年に完成した**「ジョンソンワックス社本社」**も面白い作品です。当時はまだアール・デコが流行していた時代ですが、ライトは彼ならではの独自のスタイルをここで見せました。
とくに目を惹くのは、オフィス内の天井を支えるキノコのような柱。その隙間はすべて模様のついたトップライトになっていて、そこから光が入ってきます。外は見えませんが、社員たちは森の中で働いているような気持ちになるのではないでしょうか。

さらに晩年の傑作として、ライトが亡くなった１９５９年に完成したニューヨークの**グッゲンハイム美術館**も忘れてはいけません。螺旋を描くユニークな外観は、誰もがよくご存じでしょう。

また、日本と縁が深かったライトは、帝国ホテルのほかにも名作をこの国に残してくれました。兵庫県芦屋市の**「旧山邑邸」**（１９２３年）と東京都豊島区の**「自由学園明日館」**（１９２１年）は、いずれも重要文化財に指定されています。

旧山邑邸は、遠藤新の紹介によって、造り酒屋の当主の別邸として設計されたものです。ライトが帝国ホテルをクビになって米国に戻っていたので、実際の建築は遠藤が中心になって進めました。１９４７年に淀川製鋼所が購入し、現在は「ヨドコウ迎賓館」として一般の見学も受け入れています。

１９２１年に自由学園を設立した羽仁吉一・羽仁もと子夫妻をライトに紹介したのも、遠藤です。その教育理念に共感したライトが基本設計を手がけ、やはり遠藤が完成させました。老朽化したため１９９９年から2年ほどかけて保存改修工事が行なわれ、現在は見学者に開放され、結婚式場やイベント会場としても利用されています。

第 6 章

大恐慌から
第二次世界大戦まで

アールデコ・ロシア構成主義・
イタリア未来派

モダニズムと新古典主義が争ったシカゴのコンペ

前章では4大巨匠のプロフィールをまとめて紹介しながら、1910年代から戦後にかけた幅広い時代のモダニズム建築を取り上げました。ここであらためて、時計の針を**モダニズムの黎明期となった1920年代**まで戻しましょう。

ル・コルビュジェは1914年にドミノシステム、1927年には「近代建築の5原則」を発表しましたが、それで一気に西洋建築全体がモダニズムに向かったというわけではありません。とくに米国は何度もいうようにヨーロッパ・コンプレックスが強かったので、クラシックな装飾のある建築が好まれました。

そんな**「古典対モダニズム」**の緊張関係がよくわかる有名なコンペがあったので、ご紹介しましょう。1922年に本社ビルの国際コンペを行なったのは、**シカゴ・トリビューン**という新聞社です。賞金総額10万ドルというこの大きなコンペには、各国から250人を超える多くの建築家が応募しました。

1922年といえば、ミース・ファン・デル・ローエが全面ガラス張りの「Glass High-rise Tower」の模型を発表し、「Less is more」という言葉で建築界に衝撃を与えた年。すでにモダニズムの胎動が始まっていました。

しかしこのコンペで勝ったのは、クラシックな装飾を施したゴシック様式の設計案です。パリのエコール・デ・ボザール出身の**レイモンド・フッド**（1871−1934）と**ジョン・ミード・ハウエルズ**（1868−1959）の共同事務所が提出した案でした。

惜しくも2位となったのは、フィンランドの**エリエル・サーリネン**（1873−1950）の案。フッドとハウエルズの案と同様、こちらも上に向かって伸びていくような垂直性はゴシック的です。それが当時の審査員たちの好みだったのでしょう。

次点に終わりましたが、上に行くほど細くなっていくサーリネンのユニークなアール・デコ風のデザインは米国建築界に強いインパクトを与え、それ以降の超高層ビルのデザインに盛んに取り入れられました。のちほど紹介するニューヨークのエンパイア・ステート・ビルディングなどはその典型です。

ここまでの話だけなら、とくに面白くはありません。しかしこのコンペには、すでにこの本に名前の出てきた2

レイモンド・フッド、ジョン・ミード・ハウエルズ
「シカゴ・トリビューン本社ビル」（1925）

「シカゴ・トリビューン本社ビル」コンペ案。（左）2位となったエリエル・サーリネン案、（中）モダニズム建築らしいヴァルター・グロピウス案、（右）アドルフ・ロース案

人の有名人も応募していました。**ヴァルター・グロピウス**と、**アドルフ・ロース**です。

グロピウスはこの3年前にバウハウス初代校長に就任していました。この応募作は、そのモダニストとしての立場を十分に意識したものだったでしょう。1位と2位のゴシック様式が垂直性を強調しているのに対して、こちらは彼の「ファグス靴型工場」と同様、窓が水平方向に連続しています。そして、装飾らしい装飾はなし。実現していれば「モダニズム建築の傑作」のひとつとなったかもしれませんが、このコンペの審査員には評価されませんでした。

もっと面白いのは、ロースの応募作です。ここまで読んできたみなさんなら、見た瞬間に「プッ」と吹き出してしまうのではないでしょうか。バカでかいドリア式の円柱が、高層ビルになっています。

おそらくロースは、古典的な様式に憧れる米国建築

界の傾向をわかっていたのでしょう。ロースはこれより14年も前に、「装飾は罪悪である」と主張していました。そんな彼がこのような設計案を応募したのは、装飾過剰なゴシック様式を選びそうな審査員たちに対する痛烈な皮肉です。

「そんなに古典が好きなら、中途半端なゴシックよりこれをやっちゃえよ」――ロースがそう吐き捨てながら苦笑する姿が目に浮かぶような気がします。このコンペから6年後の1928年に晩年のロースが設計したのが、第4章で紹介した「ミュラー・ハウス」でした。

米国建築で大流行したアール・デコ

それと同じ1928年に、工業化と都市化の進む近代社会にふさわしい合理的な建築を推進することを目指す建築家たちの国際的な連合組織として**「CIAM（近代建築国際会議）」**が発足したことも、すでに述べたとおりです。

CIAM創設の背景にも、コンペにおけるモダニズム派と保守派の対立がありました。1927年に行なわれた国際連盟本部ビルの設計コンペで、ボザールの流れを汲む保守派がル・コルビュジエの計画案を「規約違反だ」と言いがかりをつけて排除したのです。これをきっかけに、モダニズムの建築家たちが結束を強めました。

ＣＩＡＭは、エレーヌ・ド・マンドロットというスイス人女性がスポンサーとなり、１９２８年６月、マンドロットが所有するラ・サラの城館で第１回の会議を開催。**ル・コルビュジェのほか、ベーレンス、グロピウス、ミースなど24名の建築家が参加**しました。それ以降、第二次世界大戦中の10年間の休止期間をはさんで、１９５９年までに11回の国際会議を開催しています。

１９２９年には世界恐慌によって経済がおかしくなり、ドイツではナチスが台頭してくるという暗い世情もありましたが、ＣＩＡＭが発足したことでモダニズム建築は米国を含む全世界に広がっていきました。

それと軌を一にして米国建築で流行り始めたのが、**アール・デコ**です。華美になりがちなアール・ヌーヴォーと比べると、機械を連想させるような直線が主体の幾何学的なアール・デコのデザインは、装飾を嫌うモダニズム建築にも似合いました。ちょうどルネサンス建築からマニエリスムが派生したのと同じように、モダニズムを学んだ建築家たちが次のステップを模索する中で目をつけたのが、アール・デコだったのかもしれません。

モダニズムにアール・デコを取り入れた作品としては、たとえば１９３２年にできた

ジョージ・ハウ、ウィリアム・レスケーズ
「フィラデルフィア貯蓄銀行ビル」(1932)

個性的な1階部分

フィラデルフィア貯蓄銀行のホールは、開放的な空間

「フィラデルフィア貯蓄銀行ビル」があります。パリのボザールで学んだ米国人**ジョージ・ハウ**(1886－1955)とスイス出身の**ウィリアム・レスケーズ**(1896－1969)の共同事務所が設計しました。

これの10年前にコンペで採用されたシカゴ・トリビューン本社ビルと比べれば、じつに斬新でモダンなデザインになっていることがわかるでしょう。全面ガラス張りのミースの超高層ビルほど外壁は自由になっていませんが、各階には水平の連続窓が施されていて、ル・コルビュジェ風でもあります。これらの連続窓は、できるだけ面積を広くしてオフィス階のインテリアに外光を取り入れる機能を持っています。

デザイン面で個性的なのは、基壇の部分。1階のショーウィンドウの上にステンレスの細い帯が鉢巻のように取り付けられ、その上にツルツルした黒大理石の重たそうな基壇が載っています。でも下の「鉢巻」とのあいだに隙間があるせいで、あまり威圧感を与えません。その基壇の角を直角にせず、なめらかなカーブにしたことも、全体の印象をやわらげています。直線と曲線が組み合わさっていますが、幾何学的な美しさという意味ではアール・デコのスタイルといっていいでしょう。また、屋上にアンテナ塔を立てて、屋内でラジオを聴くためのオーディオシステムを設置するという装置面での新しい試みもしました。

建物の内部を見ると、銀行のオフィスは吹き抜けの開放的な空間。いまでこそ当たり前の風景ですが、古い映画でもよく見るように、昔の銀行や郵便局の窓口はほとんど壁でふさがれていて、対面するところだけ開いていました。当時の人々は、このスタイルに相当な新しさを感じたことでしょう。モダニズムらしい機能美があります。

一方、ロビーに敷かれたカーペットは幾何学的なアール・デコのデザイン。モノクロ写真ではわかりませんが、オレンジ、ブルー、イエローといった鮮やかな色を使っているのもアール・デコの特徴です。ル・コルビュジェのモダニズムは（サヴォア邸もそうだったように）白が基調で、鮮やかな色はほとんど使いません。そういう点でも、フィラデルフィア貯蓄銀行ビルはモダニズムとアール・デコが融合していると見ることができるでしょう。

ロックフェラー・センターと大恐慌アート

レイモンド・フッド、ジョン・ミード・ハウエルズ
「ロックフェラー・センター」（1939）

ゴシック様式でシカゴ・トリビューンのコンペを制したフッドとハウエルズも、その後はアール・デコを取り入れた超高層ビルをいくつも手がけました。その中でもいちばん有名なのは、1939年に完成した**「ロックフェラー・センター」**でしょう。

1870年にスタンダード・オイル社を創業したジョン・ロックフェラーは、「石油王」とも称された大富豪。彼が1930年からこのビルの建設を始めたのは、1929年に起きた大恐慌からの復興もひとつの目的だったかもしれません。これだけのビッグ・プロジェクトとなれば、大きな雇用が生まれます。

また、このために買ったニューヨークの5番街と6番街は、それまであまり土地として値打ちがありませんでした。そこに新しい超高層ビルを建てれば、落ち込んだ景気の浮揚にもつながるでしょう。

フッドとハウエルズの設計は、シカゴ・トリビューンのコンペで2位になったサーリネンの影響を受けていました。上に行くほど細くなっていますし、垂直のラインも強調されています。その意味では、ル・コルビュジェ的なモダニズムとは少し違うかもしれません。ただし、ゴシック風の装飾はまったくなくなりました。しかし一方で、建物の周囲や内部は、アール・デコ風の彫刻やレリーフ、壁画などで飾られています。

この頃の米国では、ニューディール政策の一環として、大恐慌で仕事を失ったアーティストを支援するプロジェクトが実施されました。それによって街角にパブリック・アートとしての彫刻などが建つようになり、**「大恐慌アート」**とでも呼べるようなムーブメントが起こります。

メキシコの画家**ディエゴ・リベラ**（1886－1957）も、そんな時代の米国で活躍したアーティストのひとりです。1933年に、彼はロックフェラー・センターに「十字路の人物」と題したフレスコによる壁画を描きました。

ところが、熱心な共産主義者でもあったリベラは、そこにアメリカの建国者たちと並べてソビエト連邦の指導者レーニンの肖像も描いたことで、各方面の顰蹙(ひんしゅく)を買います。そのため、彼の壁画は完成する前に破壊されてしまいました。

個人的な話になりますが、僕が通っていたサンフランシスコのジョージ・ワシントン高校の校舎もそれと同じぐらいの時代に建てられたもので、ロビーにはアール・デコ風の壁画がありました。初代大統領ジョージ・ワシントンの生涯を描いたものです。

数年前に、その壁画をめぐる騒動がニュースになったことがありました。その中に、ワシントンが奴隷を使っている場面が描かれていることを問題視した人たちが、「その部分を消してしまえ！」と主張し始めたのです。

教育委員会も漆喰(しっくい)で塗りつぶすことを決めましたが、僕の同級生が会長を務める同窓会組織などが「これは時代を反映したアートなのだから隠す必要はない！」と反対運動を始めました。結局は反対派の主張が通って壁画はそのまま残されましたが、ＣＮＮやＢＢＣでもずいぶん大きく報じられたものです。

それはともかく、のちにディエゴ・リベラはロックフェラー・センターで破壊された作品をメキシコで復元しました。ただし、元どおりではありません。そこには、自分の作品を破壊したジョン・ロックフェラーを醜く描いた肖像が加筆されていました。

「隠し球」で高さ競争に勝ったクライスラー・ビル

話を建築に戻しましょう。大恐慌の時代ではあったものの、たとえすべてのテナントが埋まらなくても自らのパワーを誇示したい企業やデベロッパーによって、ニューヨークには次々と超高層ビルが建てられます。岩盤が強く、地震がほとんど起きないという点でも、ニューヨークはそれに向いていました。

建物の高さはそれを所有する者の力や権威のシンボルになるので、それをめぐる競争が始まります。1930年の時点では、1913年にニューヨーク最初の超高層ビルとして完成したゴシック様式の**「ウールワース・ビルディング」**（241・4メートル）が世界でいちばん高いビルでした。

それを越えるべく激しく争ったのが、1928年着工の**「クライスラー・ビルディング」**と、1929年着工の**「バンク・オブ・マンハッタン・トラスト・ビル」**（通称**ウォールタワー**。現在はドナルド・トランプが所有）です。お互いに相手の高さを横目で見ながら、設計変更をくり返しました。クライスラー・ビルは当初246メートルの予定でしたが、ウォールタワーが260メートルだとわかると、282メートルに変更。ところがウォールタワーは、急遽それを1メートルだけ上回る283メートルに設計を変更し、1930年4月に完成しました。もちろん、この時点で「世界一」です。因みにウォールタワーの設計者チームには、日本で生まれ、明治31年（1898）にアメリカに渡り、カリフォルニア大学を卒業し、ニューヨークに永住したヤスオ・マツイという日系人建築家がいました。ヤスイは高層建築を多数設計したF.H. Dewey & Companyの代表取締役にまで上り詰めました。下田菊太郎と並び、彼も日本出身でアメリカで活躍した建築家の先駆者のひとりだったのです。彼の生い立ちを調べていくと、やはり第二次世界大戦時に、日系人として収容所に拘置され、また戦時中は24時間監視されていて、設計の仕事も皆無の状態だったという苦労話も見えてきました。

しかしクライスラー・ビルの設計者であるヴァン・アレン（1883－1954）には、とっておきの「隠し球」がありました。ウォールタワーの設計変更を察知してから、極秘裏に38メートルの尖塔を製作していたのです。ウォールタワー完成の翌月、1930年5月に完成したクライスラー・ビルは、最後にその尖塔を追加し、319メートルとなりました。これによって世界一高いビルになっただけでなく、312・3メートルのエッフェル塔も抜いて「世界一高い建築物」となったのです。

シュリーブ・ラム・アンド・ハーモン「エンパイア・ステート・ビルディング」(1931)

高さだけではなく、デザインの面でもクライスラー・ビルはニューヨークの摩天楼を代表する存在となりました。三角形の窓とアーチを重ねた幾何学的なてっぺんのデザインは、まさにアール・デコ。壁面や内装も、アール・デコで装飾されています。

しかし、尖塔という秘策を使ってまで達成した高さ記録は、翌年に塗り替えられてしまいました。１９３１年４月に竣工した**「エンパイア・ステート・ビルディング」**は、電波塔の最頂部まで４４３・２メートル。最上階までででも３７３・２メートルと、クライスラー・ビルを大きく上回っていました。

デザインはクライスラー・ビルほど凝っていませんが、上に行くほど細くなるスタイルは、かつてサーリネンがシカゴ・トリビューンのコンペで2位になった案の影響を受けたもの。低層部と最頂部にも、アール・デコ様式が取り入れられました。

これを設計したのは、**シュリーブ・ラム・アンド・ハーモン**という建築事務所。この事務所は、エンパイア・ステート・ビルの完成から5年後の１９３６年に、すでにこの本で名前を挙げた建築家を雇用しました。日系2世の**ミノル・ヤマサキ**です。彼の設計した**世界貿易センターのノースタワー**（527メートル）が竣工する1972年まで、エンパイア・ステート・ビルは41年間にわたって「世界一」の座を守りました。

共産主義革命とロシア構成主義

米国の話が長くなりました。ここで、のちにその米国と並ぶ世界のリーダーとなった国に目を移しましょう。先ほどレーニンの名前も出てきましたが、1917年の**ロシア革命**によって誕生したソビエト連邦は、建築の分野でも大きな存在感を示しました。

ルイ王朝を打倒した1789年のフランス革命をはじめ、ヨーロッパ諸国では18世紀から19世紀にかけて宮廷を中心とする封建社会が滅んでいましたが、ロシアでは皇帝による支配が20世紀に入っても続いていました。それを倒してプロレタリア主導の社会を築こうとしたのが、ロシア革命です。

共産主義運動では、資本家との階級闘争で先進的な役割を果たす集団や人間のことを**「前衛」**と呼びます。ロシアでは革命の少し前から、アートの世界でも、宮廷文化や宮廷芸術の権威主義を否定して抽象性や合理性、革新性を重視する、前衛的な芸術革新運動が起こりました。いわゆる**「ロシア・アヴァンギャルド」**です。

その一連の運動の中でも、20世紀初頭にパブロ・ピカソやジョルジュ・ブラックが始めたキュビスムの影響を強く受けた流れを**「ロシア構成主義」**といいます。２次元の平面に描くアートに複数の視点や角度を持ち込み、３次元の見え方を追求するのが、キュビスム。ロシア構成主義も、**「立体」**をどう構成するかを重視しました。

この動きが、建築にも波及します。建築はもともと3次元の立体ですが、ロシア構成主義建築は、その立体的な**「構造」**そのものの美しさを追求するものでした。単に「箱」のような構造物を重ねるのではなく、さまざまなパーツからなる複雑な構造を、力学的な計算に基づいてバランスを取る。いわば「やじろべえ」のような絶妙なバランス感覚によって、構造美を生み出そうというわけです。

言葉だけではわかりにくいので、作品を見てみましょう。

まず、これは実作にはいたらなかったものですが、**ウラジーミル・タトリン**（１８８５－１９５３）が１９１９年に構想した**「第3インターナショナル記念塔」**。第３インターナショナルとは、１９１９年から１９４３年まで存在していた国際共産主義運動の組織です。その前に「第１」と「第２」があったので「第３」というわけですが、ふつうは「コミンテルン」と呼ばれています。

そのコミンテルンの発足を記念するこのタワーは、高さ400メートルもの巨大なモニュメントになる予定でした。エンパイア・ステート・ビルには届きませんが、実現していればクライスラー・ビルを抜いて当時の「世界2位」になったことでしょう。

素材は鉄とガラス。螺旋（らせん）状のカゴのような構造の中に、立方体、四角錐、円柱、半球の形をした部屋が吊り下げられています。それぞれ、会議室や情報局などのオフィスとして使うことが想定されていました。

ウラジーミル・タトリン「第3インターナショナル記念塔」(1919)

面白いのは、その部屋がそれぞれ異なるスピードで回転すること。立方体は1年に1回転、四角錐は1カ月に1回転、円柱は1日に1回転、半球は1時間に1回転します。建築物はふつう静的なものですが、これはいわば**動的な建築**でした。回転する部屋の向きによって瞬間ごとに見え方が変わるというのは、じつにダイナミックな提案です。3次元の「空間」に「時間」という次元が建築の構造そのものに組み込まれているという見方もできるでしょう。機械仕掛けによる動きが加わることで、そこで過ごす人間の生活や仕事まで表現されるのです。

世界が注目したメーリニコフのソ連パビリオン

アール・デコ建築が並んだ1925年のパリ万博では、**コンスタンチン・メーリニコフ**（1890-1974）が設計した**「ソ連パビリオン」**が世界から注目されました。2つのビルのあいだに階段があり、その上には斜めに交差する屋根のようなものと幾何学的なデザインのタワーが立っています。多様なパーツを重ね合わせて、バランスの取れた構造をつくっている。ロシア構成主義の特徴がよくわかる傑作です。

メーリニコフが1929年に建てた自邸も有名で、僕もモスクワまで見に行きました。現在は美術館の一部として公開されています。楕円形の建物に六角形の窓をいくつも並べたデザインは、じつに斬新。屋上を囲む木製の格子と本体とのバランスも絶妙です。

ロシア建築界の巨匠となったメーリニコフは、1933年のミラノ・トリエンナーレにル・コルビュジエやミースらと共に招待されるなど、国際的にも認められる存在になりました。しかし当時のソ連は、最高指導者スターリンによる大粛清の時代です。

1932年のソ連共産党中央委員会では、芸術団体を国家の下で一元化することが決ま

コンスタンチン・メーリニコフ
自邸（1929）

コンスタンチン・メーリニコフ「パリ万博でのソ連パビリオン」（1925）

りました。そこでは**「社会主義リアリズム」**という方針が打ち出され、あらゆる芸術分野がそれに縛られるようになります。

それまで共産主義革命と相性がよかったはずのロシア・アヴァンギャルドは、一転して批判の対象になりました。メーリニコフも1937年に新聞や建築家団体から「形式主義的」な建築家という烙印を押され、国内では建築の設計ができない状態になってしまいます。その後は教職や画家としての仕事をしながら自邸で過ごしていたようです。

ただし1956年のフルシチョフ（ソ連共産党第一書記）による「スターリン批判」演説以降、ソ連ではスターリン時代に弾圧された人々の名誉回復が進みました。メーリニコフも1965年に名誉回復がなされ、亡くなる2年前の1972年には、ソビエト連邦名誉建築家の称号を与えられています。

隈研吾も引用したレオニドフの斬新なアイデア

第3章で実作はほとんどないのに歴史に名を残した18世紀の「幻視の建築家」を紹介しましたが、スターリン体制下のソ連にも、ほぼすべての作品が**「アンビルト（実現しなかった建築）」**だったにもかかわらず、ル・コルビュジェが高く評価するほどの才能を持つ建築家がいました。**イワン・レオニドフ**（1902−1959）です。

その才能が最初に注目されたのは、モスクワの国立高等美術工芸工房の卒業制作として1927年に発表した**「レーニン研究所」**でした。垂直な細長い高層ビル、それと連結された水平な建物、ガラスに覆われた球体などのバラバラなパーツをワイヤーでつないでツ

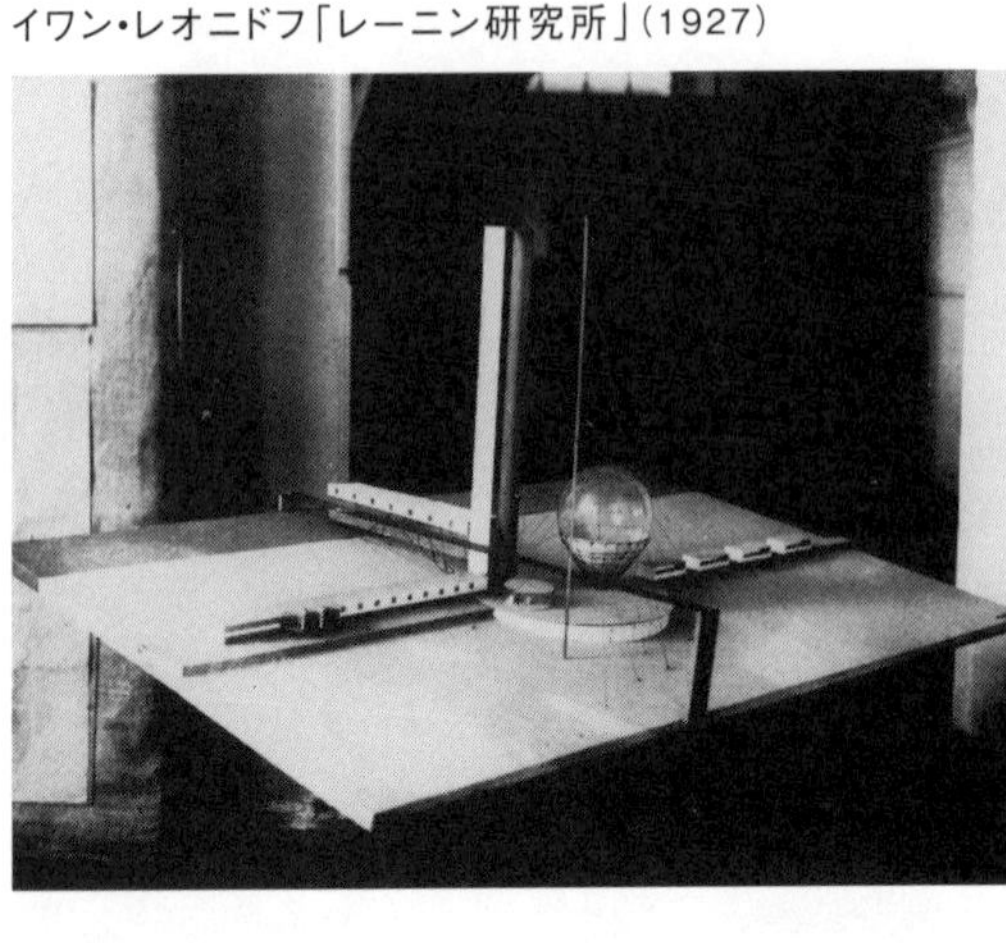
イワン・レオニドフ「レーニン研究所」（1927）

リー構造をつくることで、ひとつの建築物にしています。じつにアヴァンギャルドで実験的な提案でした。

さらに、1934年に行なわれた**「重工業ビル」**のコンペに応募した作品は、高層ビルの「箱」の部分だけ見ればル・コルビュジェ流のモダニズム建築。でも、それだけではロシア構成主義の作品になりません。**アンテナのような鉄製のパーツ**が、外壁に取り付けられています。

隈研吾「M2ビル」(1991)

レオニドフの応募作はコンペでは採用されませんでしたが、このアンテナは後年、日本で「実作」されました。1991年に東京都世田谷区の環状八号線沿いに自動車メーカーのデザイン・ラボとして建てられた、**隈研吾**（くまけんご）さん設計の**「M2ビル」**です。

後述する「ポストモダン建築」の時代に建てられたこの作品は、古典主義からモダニズムまで幅広い要素をコラージュしたことで、賛否両論を呼びました。いや、どちらかというと「否」のほうが多かったでしょうか。巨大なイオニア式の円柱、モダンなガラス窓、そしてロシア構成主義の謎めいたアンテナなどによるカオスは、たしかに異様です。隈さん自身も、建築界での評判が芳しくなかったことで、のちに「M2がトラウマに」などと回想されています。

そこに西洋建築史がギュギュッと濃縮されていることは間違いありません。現在はそのままの外観でメモリアルホールとなっています。東京在住のみなさんは、環八を通ることがあれば、レオニドフがこれを見たらどう思うだろう……などと想像しながら眺めるのも一興ではないでしょうか。一部分とはいえ「形になったレオニドフ作品」に接する機会はそうありません。

双曲面構造の「シューホフ・タワー」

ところで、レオニドフのアンテナは建設作業員のためのエレベーターのように見えなくもないので、一見して「工事中のビルなのか?」と思った人もいるでしょう。

次の建築家の作品も、建設途中のように感じられるかもしれません。**ウラジミール・シューホフ**(1853−1939)が1922年に設計したモスクワの電波塔**「シャーボロフスカヤのラジオ塔」**です。

タトリンの第3インターナショナル記念塔もそうですが、ロシア構成主義はその名のとおり「構成」そのものが表現なので、石やコンクリートなどの「仕上げ」をせず、骨組みをそのまま見せる傾向があります。それは、合理性や機能性を重視したモダニズム的な表現でもあったのでしょう。

シューホフは、幾何学で**「双曲面」**と呼ばれるこのような構造の建築物をいくつも設計しました。双曲面構造は見た目が美しいだけでなく、強度が高いため、少ない材料で塔をつくることができます。また、雪が積もりにくいという利点もあるので、ソ連ではこの**「シューホフ・タワー」**が広まりました。

シューホフが設計したのはタワーだけではありません。たとえばロシア革命前の1912年には、モスクワの**キエフスキー駅のプラットフォーム**を設計しています。モスクワからウクライナのキーウに向かう列車の発着駅で、駅舎は別の建築家の設計によってビザンツ様式となっていますが、シューホフが手がけたプラットフォームは骨組みが剝き出しになっており、やはり工事中のように見

ウラジミール・シューホフ「シャーボロフスカヤのラジオ塔」(シューホフ・タワー)(1922)

ウラジミール・シューホフ
「キエフスキー駅のプラットフォーム」(1912)

えなくもありません。1917年の革命以前から、ロシアではこのような動きが起きていたわけです。

でも、ロシア構成主義の隆盛は長くは続きませんでした。いつの時代も、建築は政治、経済、社会のあり方に大きく左右されます。

先ほどお話ししたとおり、スターリン体制下では「社会主義リアリズム」と相容れない芸術や文化が批判を受けました。社会主義国家の発展や人民の革命意識の向上のために、現実を具体的かつ平易に描く。それが社会主義リアリズムが示した芸術の指針です。ロシア構成主義のような抽象性の高い表現は認められません。

未完に終わった巨大な「ソビエト宮殿」

そのような変化は、やはり公的なコンペにわかりやすい形で表われます。

1932年、ソ連共産党の党大会議場となる**「パレス・オブ・ソビエト（ソビエト宮殿）」**

ウラジーミル・シューコ「ソヴィエト宮殿」コンペ案

を設計するための国際コンペが行なわれました。これには、メーリニコフをはじめとするロシア構成主義の建築家たちはもちろん、ル・コルビュジエ、グロピウス、オーギュスト・ペレなどモダニズム建築の著名人たちも応募。272の案が集まりました。

建設予定地は、モスクワ最大の教会だった救世主ハリストス大聖堂の敷地。教会の解体作業は、設計コンペの要項が発表される前から始まっていました。最終的には、1931年12月に行なわれた爆破作業によって、完全に破壊されています。共産主義は宗教を否定しますから、その意味でも「ソビエト宮殿」はシンボリックな計画だったのでしょう。

コンペには、じつに多様な計画案が提出されました。たとえば、ロシア構成主義建築の理論的リーダーのひとりだった**モイセイ・ギンズブルグ**（1892－1946）の案は、半球状の巨大なドーム。基壇には、橋のような鉄骨のアーチ構造が見えています。実現していれば、ロシア構成主義を代表する作品のひとつになったでしょう。

その一方で、古代エジプトの遺跡みたいな案もありました。

ボリス・イオファン「ソヴィエト宮殿」コンペ決定案

これを提案した**ウラジーミル・シューコ**（1878－1939）は、ロシア革命前は新古典主義を志向していましたが、革命後はロシア構成主義的な作品も設計していた人物です。そういう建築家がこのような古典的な案を出してくるあたりに、当時の政治状況の変化が読み取れるような気がしなくもありません。「空気を読む」タイプの人にとっては、これが「正解」だと感じられたのではないでしょうか。

そして最終的に選ばれたのは、やはり壮大な新古典主義の案でした。コンペでは3つの案に一等賞が与えられましたが、最終的にスターリンが選んだのは**ボリス・イオファン**（1891－1976）の提案です。ローマの美術アカデミーで学んだイオファンは、もともと新古典主義を志向する建築家でした。このコンペで勝って以降、彼は**「スターリン様式」**と呼ばれる建築スタイルを代表する建築家になっていきます。

イオファンがスターリンの意向を受けながら最初の案にどんどん手を加えていった結果、ソビエト宮殿の設計案は壮大なスケールのものになりました。屋上に置かれたレーニン像は、それだけで高さ100メートル。そのレーニンが掲げた指先までの全体の高さは415メートルになる予定でした。当時「世界一」だったエンパイア・ステート・ビルディングを越える高さです。

しかしモスクワ川から敷地に流れ込む地下水の処理が難しく、工事は難航しました。さらに1941年に独ソ戦が始まると工事は中断。それどころか、すでに組み上げた鉄骨が解体され、戦争用の資材として供出されます。

その後、ソビエト宮殿の建設が再開されることはありませんでした。戦後、スターリンが死去すると、ソ連政府は計画そのものを白紙に戻します。

そしてソビエト連邦の崩壊後、もともとそこにあった大聖堂の再建が行なわれ、2000年に復元されました。ロシア構成主義を衰退させる一因となった新古典主義建築案は、壮大な「アンビルト」に終わったわけです。

ムッソリーニと「未来派」

前章でお話ししたとおり、ナチス・ドイツのヒトラーはバウハウスを弾圧して閉鎖に追い込みました。そしてソ連のスターリンは、ロシア構成主義を抑圧した。2人の独裁者は、どちらも斬新で前衛的な様式を嫌い、古典的な建築を好んだわけです。独裁者は強大な権威を誇示したいのでしょうから、支配者のシンボルだった時代の建築スタイルに魅力を感じる気持ちもわからなくはありません。

でも、この時代の独裁者の中には例外もありました。イタリアで国家ファシスト党による一党独裁制を確立した**ベニート・ムッソリーニ**です。彼が気に入ったのは、過去の芸術の徹底的な破壊を目指す過激な運動として20世紀初頭に出現した**「未来派」**でした。

この運動の生みの親は、1909年に新聞紙上で**「未来派宣言」**を発表したイタリアの詩人**フィリッポ・トンマーゾ・マリネッティ**（1876―1944）です。そこに書かれた有名な一節――**〈機銃掃射をも圧倒するかのように咆哮する自動車は、「サモトラケのニケ」よりも美しい〉**――が、未来派の価値観を端的に物語っているといえるでしょう。

サモトラケのニケとは、パリのルーブル美術館が所蔵する有名なヘレニズム期の大理石彫刻。そういう過去の芸術を否定し、未来社会の機械やスピードを礼賛するのが、未来派の基本的な考え方でした。

戦争を賛美する面もあり、マリネッティは1915年に『**戦争、唯一なる世界の衛生法**』と題した著書も出しています。戦争や破壊に「美」を見出す未来派の姿勢は、ムッソリーニのファシズム運動と相性のよいものでした。マリネッティ自身、ファシスト党の前身である右翼団体「戦闘ファッシ」の一員でしたし、その後、ファシスト党にも入党しています。

ファシスト政権下で活躍したリベラ

そんな未来派グループと近い場所にいた建築家のひとりが、**アダルベルト・リベラ**（1903−1963）です。若い頃はローマを拠点とする**MIAR（イタリア合理主義建築運動）**というグループの設立に関わり、その書記を務めたこともありました。

リベラといえば、カプリ島にある**「マラパルテ邸」**が有名。作家、ジャーナリストであり、一時はファシズムの理論家でもあったクルツィオ・マラパルテ（1898−1957）がリベラに設計を依頼した別荘です。

簡素な建物ですが、少しずつ幅を広げながら屋上のソラリウム（日光浴室）に向かう階段の形状はユニーク。ただしこの建物はリベラの図面とはかなり異なっており、じつはマラパルテが大部分を自

アダルベルト・リベラ
「マラパルテ邸」（1937?）

アダルベルト・リベラ「EUR会議場」(1954)

ジョバンニ・グエリーニ、エルネスト・ブルーノ・ラパドゥーラ他
「パラッツォ・デッラ・シヴィルタ・デル・ラヴォロ」(1943)

分で設計したという説がいまは有力です。

首都の建築運動で中心的な役割を果たし、未来派の影響も受けているリベラは、ムッソリーニが政権を取ってからは政府と強い関係を持つようになりました。そのため、多くの公共建築の設計を手がけています。

そのひとつが、1938年のコンペで選ばれた**「EUR（エウル）会議場」**です。EURとは、1942年に開催される予定だったローマ万博のためにムッソリーニがローマ郊外に建設した新都心エリアのこと。戦争のためローマ万博は中止になり、この会議場の建設も中断しましたが、1950年に再開して1954年に完成しました。

装飾のない合理性や使っている素材は、明らかにモダニズム。しかしヴォールト状の屋根や列柱には、新古典主義的な表現が見られます。斬新な芸術運動と仲良くしたとはいえ、これがコンペで選ばれたということは、やはり独裁者は古典を好むという側面があったのでしょうか。いずれにしろ、これが完成したとき、すでにムッソリーニはこの世にいませんでしたが。

これはリベラの設計ではありませんが、同じEURに建設された**「パラッツォ・デッラ・シヴィルタ・デル・ラヴォロ」**も、モダニズムと新古典主義が同居する作品。コンクリートをくり貫いてアーチをつくる素材や手法は近代的ですし、装飾の少なさもモダニズムを感じさせますが、アーチや彫刻などの表現はクラシックです。ファシズムのアイコンのようなものとして建てられましたが、僕が訪れたときはフェンディの本社ビルになっていました。

テラーニの「ファッショの家」

ところで、当時のイタリアで合理主義建築を主導していたのは、ローマのMIARだけ

ジュゼッペ・テラーニ「カーサ・デル・ファッショ」（1936）

「カーサ・デル・ファッショ」の黄金比

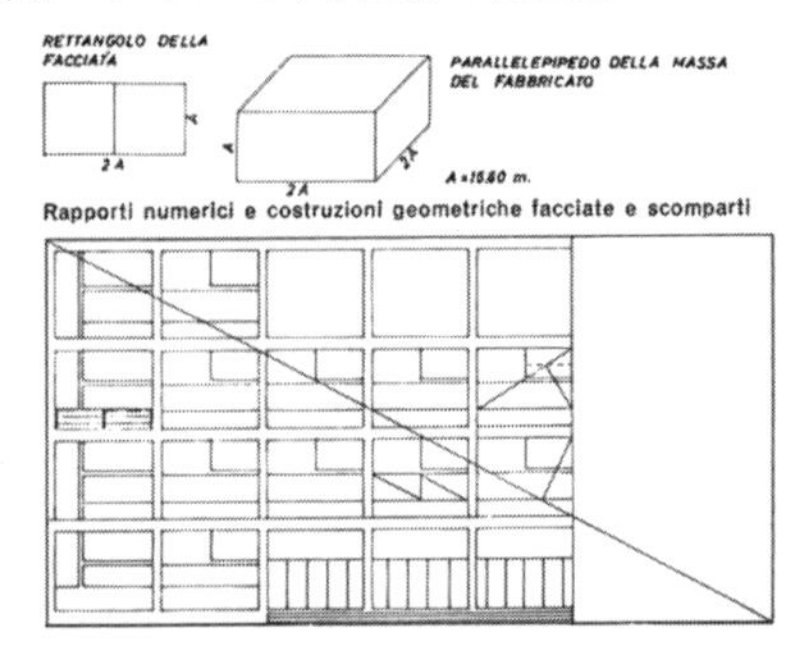

ではありません。北部のコモを拠点とする**「グルッポ7」**という集団もありました。こちらは、新古典主義や復古主義を強く批判しています。

　1926年にそのグルッポ7を創設した**ジュゼッペ・テラーニ**（1904－1943）も、ムッソリーニ政権の依頼で多くの建物を設計しました。とくに1936年、コモのポポロ広場に建てられた**「カーサ・デル・ファッショ」**は、イタリア近代建築の傑作のひとつとされています。「ファッショの家」という名のとおり、この街におけるファシスト党の拠点として建てられたものです。

ＥＵＲの２つの建物と違って、こちらは完全にモダニズム。シンプルなデザインですが、僕たち建築家にとってはひじょうに興味をそそられる構造になっています。

専門的になりすぎるのであまり詳しくは説明しませんが、かつて米国のピーター・アイゼンマン（１９３２－）という建築家を含めた学者たちが分析したところ、カーサ・デル・ファッショの各パーツには**緻密な比例関係**があることがわかりました。たとえば、ある対角線と別の対角線を比較すると、黄金比やフィボナッチ係数などが見えてきたりするのです。専門的になってしまいますが、正面のファサードに見えるバルコニーのグリッド状の構造体のヴォイド、右側の壁面などに対角線を描いてみると、それぞれの対角線から黄金比の関係が見えてきます。この正面のファサードだけでも興味深い法則によって設計されていることがわかるのですが、残りの三面もそれぞれ非常に理論的で好奇心を掻き立てる様相となっています。この建物は、ぜひ行って見てほしい建築のひとつです。

おそらくテラーニは、敷地の寸法などの制約の中で合理的な比例関係を生み出すために、さまざまな試行錯誤をしたことでしょう。難解なパズルを解くような作業だったかもしれません。一見しただけではただの四角い箱のような建築でも、建築家はそういうところで苦悩し、自分の信じる「美」をメッセージとして伝えようとしているのです。

第 7 章

戦後アメリカを彩った異才たち

国連ビルは戦後の国際協調と民主主義のシンボル

ここまでの話を通じて、建築が決して独立した文化ではなく、その時代の政治・経済・社会と密接につながっていることがわかってもらえたでしょう。

第一次世界大戦の前後に産声を上げたモダニズム建築は、アール・デコや前衛的な芸術運動、あるいは新古典主義などと結びつきながら、さまざまなバリエーションを生み出しましたが、その背景には、ドイツのナチズム、ソ連のスターリニズム、イタリアのファシズム、あるいは大恐慌といった暗い影もつきまとっていました。そして世界は再び、おそろしい惨禍をもたらす大戦争に突入したわけです。

戦後の世界は、その反省からスタートしました。第二次世界大戦を招いてしまった要因のひとつは、国際連盟が平和を保つための組織として機能しなかったことです。

そこで新たな機関として創設されたのが、国際連合でした。戦後の西洋建築史も、そこからリスタートしたと見ることができるでしょう。ロックフェラーが寄付したニューヨーク・マンハッタンの土地に建設された**国際連合本部ビル**は、成熟したモダニズム建築を象

国際連合本部ビル設計委員会「国際連合本部ビル」(1952)

徴するようなものになりました。

このビルを見ると、多くの人が真っ先に**ル・コルビュジェ**の名前を思い起こすでしょう。でも、これは彼がひとりで設計したものではありません。

戦争で激しく対立した世界をひとつにまとめていくのが、国連の役割です。そういう組織の本部ビルの設計は、国際協力によって行なうのが望ましい。そのためコンペは行なわれず、**各国を代表する建築家たちによる設計グループ**がつくられました。ル・コルビュジェは、フランス代表としてそこに加わったわけです。

そのグループでもっとも大きな役割を果したのは、ブラジルの**オスカー・ニーマイヤー**(1907−2012)でした。のちに、1960年からブラジルの新首都となったブラジリアの都市計画に参加し、大統領官邸、国会議事堂、最高裁判所など主要な建築物の設計も手がけた建築家です。

そのニーマイヤーとル・コルビュジェが中心となって

設計した国連本部ビルは、じつにシンプルなものになりました。白い外壁で囲われたガラス張りのカーテンウォールは、水平性と垂直性のバランスを考え抜いてデザインされています。幾何学的で、装飾はなし。どの地域の文化とも無縁な普遍性が表現されており、世界の国々をひとつにまとめる機関にふさわしいたたずまいになりました。

また、僕はこのビルの均等性に、平等を重んじる民主主義がシンボリックに表現されているようにも感じます。ロシアとウクライナの戦争や中東の紛争など、国連の機能不全が懸念される昨今の世界情勢ですが、再び世界大戦の悲劇を繰り返さないためにも、このモダニズム建築が発するメッセージに耳を傾けるべきではないでしょうか。

CIAMを解体させた「チームX」とは

前章でお話ししたとおり、1928年にル・コルビュジェが中心となってモダニズム建築を主導する**CIAM（近代建築国際会議）**を創設したのは、国際連盟本部ビルの設計コンペで保守派と対立したことがきっかけでした。その意味で、国際連合本部ビルの設計はル・コルビュジェにとってリベンジの機会だったと同時に、モダニズム建築の輝かしい勝利だったともいえるかもしれません。

しかし、1952年に国連ビルが完成してから数年のあいだに、こんどはそのCIAMが大きく動揺します。ル・コルビュジェをはじめとする旧世代の考え方や組織運営などに反発する若い世代が、1953年の第9回会議の際にグループを結成。第10回会議の準備委員会となった彼らは**「チームX」**と名乗りました。

自分たちの考えるテーマはCIAMでは議論できないと判断したチームXは1954年に会議を行ない、事実上、CIAMを解体させることを宣言します。そして1956年、ユーゴスラビアのドゥブロブニクで新たな会議を開きました。CIAMは1959年にオランダのオッテルローで開いた会議をもって、正式に解体。およそ30年におよぶ歴史に幕を下ろしました。

チームXに集まったメンバーは世代が同じというだけで、集団として共通の理論や様式などがあったわけではありません。

たとえばグループのリーダー格だった英国の**ピーター・スミッソン**（1923−2003）と**アリソン・スミッソン**（1928−1993）の夫妻は、コンクリート、レンガ、ガラス、鉄、石といった素材を生のまま直接的に使う**「ブルータリズム」**という理念を提唱しました。

一方、オランダの**アルド・ファン・アイク**（1918−1999）は、**独自の構造主義**を追求。**「都市は巨大な住宅であり、住宅は小さな都市である」**という考えに基づき、建築物は都市の変化や成長との関係性の中でつくられるべきだと主張しました。都市や建築の機能性を重視するル・コルビュジェらCIAMの旧世代とは、このあたりで折り合わなかったのでしょう。アイクは、日本の**槇文彦**さん(1928—)と交流があったこともよく知られています。

チームXは、1981年まで不定期に会議を開催し、20世紀後半の建築にさまざまな影響を与えました。そのコアメンバーに日本人は入っていませんでしたが、槇文彦さんのほか、**丹下健三**さん、**菊竹清訓**(きくたけきよのり)さん、**黒川紀章**さんなどが、ファミリーメンバーとして会議に呼ばれたことがあります。

「Less is more」から「Less is bore」へ

ル・コルビュジェの**「5原則」**やミース・ファン・デル・ローエの**「Less is more」**から始まったCIAM的なモダニズムは、合理性や機能性を重視する点で、産業革命以降の時代にぴったりとはまった建築様式でした。

しかし歴史を振り返ればわかるとおり、どんなに力のある様式でも、いつかは飽きられます。人間は変化を求めるので、装飾が鬱陶しくなればシンプルなデザインを求め、それに飽きればまた新しい装飾を求める。バロックやロココ、アーツ・アンド・クラフツ、アール・ヌーヴォー、アール・デコなど、西洋建築史は常にそういう揺り戻しのような流行に彩られてきました。

モダニズムも、例外ではありません。CIAMの解体から数年後の1966年には、米国の建築家**ロバート・ヴェンチューリ**（1925－2018）が『建築の多様性と対立性』という著作の中で、こんなレトリックでモダニズムを批判しました。

「Less is bore（少ないほど、退屈である）」

いうまでもなく、ミースの「Less is more（少ないほど、豊かである）」に対する皮肉です。ヴェンチューリのこの著作は、のちのポストモダン建築の登場を誰よりも早く予言したものだったといえるでしょう。

でも、ポストモダンの流行は1980年代の話。CIAMの解体でモダニズムは大きな曲がり角を迎えましたが、50年代から70年代にかけて、とくに米国では異才を放つ建築家たちによって面白い作品がいくつもつくられました。ここからは、その時代をじっくり見ていくことにしましょう。

郊外のコミュニティとショッピングモール

レヴィット・タウン

第二次世界大戦後の米国では、戦地から戻ってきた兵隊たちのための住宅が大量に必要となりました。低所得の若者たちが家庭を持てるようにするには、彼らが仕事をする都市に通勤できるところに、低廉な住宅をたくさん建てなければなりません。退役軍人が低金利で住宅ローンを組める制度もできました。そのため戦後の米国では、郊外の開発が進みます。

その代表例が、1947年からニューヨーク州ロングアイランドにレヴィット&サンズという不動産会社が建設した**「レヴィット・タウン」**です。創業者の息子は海軍の建設大隊に勤務していたときに軍用住宅の大量生産に関する知識を身につけており、それがこのレヴィット・タウンに活かされました。

ずらりと建ち並んだのは、切妻屋根の簡素な住宅。道路に面した前庭があるのが、米国の住宅の特徴です。2LDK程度の小さな家なので、子どもが増えると部屋が足りません。そのたびに、住人は増築をくり返しました。僕の2番目の奥さん（僕は「バツ3」です）もレヴィット・タウン出身4人きょうだいの三女でしたが、やはり末っ子の長男が生まれると部屋がつけ足されていたそうです。

大量生産品なので、同じレヴィット・タウンの中でも次々と「新製品」が投入されました。たとえば1957年にはロゴが自動車のキャデラックのようなカッコイイものになり、住宅もモダンでおしゃれになっています。

さて、米国ではレヴィット・タウンのような住宅地が郊外に次々と建設されましたが、住宅があり、住人がたくさんいるだけではコミュニティになりません。古くからある街には人の集まる駅前商店街のようなメインストリートがあって、そこで人々が交流します。郊外の住人にも、商店やレストラン、娯楽施設などを揃えた空間が必要でしょう。

そこで始まったのが、ショッピングモールの建設でした。その原型をつくったのは、オーストリア出身の建築家**ビクター・グルーエン**（1903－1980）です。ユダヤ人のグルーエンは、1938年にナチスから逃げて、製図に使うT定規と鉛筆を携えて渡米しました。そのときポケットには8ドルしかなかったそうです。

グルーエンが最初に手がけたのは、1954年にオープンしたデトロイトの**「ノースランドモール」**でした。アンカー・テナント（中核となる店舗）は、デパートのJ・L・ハドソン。僕は小さい頃にデトロイトで暮らしていたので、ここのハドソンに行ったことがあります。よく覚えているのは、父に誕生日プレゼントを買ってもらったこと。でも、ものすごく欲しかった連発式機関銃のおもちゃはダメだと言われ、いまだにそれを恨んでいるので、良い思い出ではまったくありません。

それはともかく、アンカー・テナントのまわりにはレストランや小さな店舗などがいくつも並び、広大な駐車場が用意されました。こういうショッピングモールはいまや日本にもたくさんありますが、その基本スタイルをつくったのがグルーエンだったのです。

1956年にオープンしたミネソタ州ミネアポリスの**「サウスデール・ショッピングセンター」**で、グルーエンは**屋内に広場**を設けました。そこにはパラソルつきのテーブルや池などがあり、天井のトップライトからは太陽光が降り注ぎます。

ビクター・グルーエン「サウスデール・ショッピングセンター」（1956）

ミネソタは寒い土地なので、こうすることで冬場でも人々が集うことができるようにしたのです。

このようなショッピングモールをつくることで、郊外の新しいコミュニティに**「中心」**が生まれました。人々は、ウィークデーは郊外の家から都市部の職場に通勤し、週末は家族と車でショッピングモールに行って、買い物や食事や映画などを楽しむ。そんな戦後のライフスタイルが、グルーエンの都市計画から始まったのです。

都市と「対話」する高層ビル

一方、ニューヨークなどの都市部では、**「インターナショナル・スタイル」**と呼ばれるモダニズムの高層ビルがいくつも建てられました。地域性や個人の美意識などを超えて、文字どおり世界共通の普遍的な様式を目指すのがインターナショナル・スタイルです。国連ビルにも、そういう側面があったといえるでしょう。

そのインターナショナル・スタイルを広く定着させる上で大きな役割を演じた設計事務所があります。1936年にシカゴで誕生した米国最大級の建築設計事務所、**スキッドモア・オーウィングズ・アンド・メリル（SOM）**です。創立の翌年にはニューヨークに進出しました。現在は、ロンドン、香港、上海など海外にも事務所を置いています。

SOMの作品は、東京にお住まいの方ならきっと見たことがあるでしょう。港区赤坂で2007年に開業した**東京ミッドタウンの「ミッドタウン・タワー」**の基本設計は、SOMが手がけました。

ゴードン・バンシャフト
「リーバ・ハウス」(1952)

そんな彼らの作品の中でもとくに有名なのが、マンハッタンのパーク・アヴェニューで1951年から1952年にかけて建設された**「リーバ・ハウス」**です。ガラスで覆われたシンプルな姿は、まさにインターナショナル・スタイル。ガラスのカーテンウォールは、ニューヨークではこのビルが最初でした。

しかし、このビルが革新的だったのは、そのモダンな外観だけではありません。リーバ・ハウスは、いわば**都市と「対話」をするような建築**でした。

というのも、このビルは角地にあるため、1階のピロティ部分は2つの道路に面しています。ここには植栽などが置かれており、どちら側の通りからも入ることができるだけでなく、そのまま斜めに横切って反対側の通りに出られる構造になっている外部公共空間な

ゴードン・バンシャフト
「イェール大学 ベイニッケ貴重書図書館」(1963)

のです。そうやって都市を建築に招き入れることで、私企業の本社ビルでありながら、パブリックな性質を持つことができる。それが僕には豊かな「対話」のように感じられます。

都市の建築物は、単独で存在するわけではありません。隣接する建物や交通機関、行き交う人々などを含めた都市全体と有機的につながっています。だから、都市そのものと対話し、豊かな相互作用を生み出すことができる。それも、建築家の腕の見せ所でしょう。

これはSOMとは関係ありませんが、都市との対話といえば、安藤忠雄さんが設計した東京の表参道ヒルズもそれを感じさせる作品です。あの建物の中は通路が勾配9度のスロープになっていますが、外を通る表参道もやはり勾配は9度。これは安藤さんの発案ではなく、森ビルの社長が「表参道と同じ角度のスロープにしたらいいんじゃない?」と提案したそうです。

リーバ・ハウスは、当時SOMのリーダー的な存在であり、1988年にはプリツカー賞も受賞した**ゴードン・バンシャフト**(1909-1990)が設計しました。1963年につくられた**イェール大学の「ベイニッケ貴重書図書館」**も、彼の傑作のひとつです。

こちらも外壁はカーテンウォールですが、並んでいるのはガラス窓ではありません。貴重な本ばかりを収蔵する図書館なので、直射日光は入れたくないのでしょう。バンシャフトは、そこに大理石を使いました。それも、厚さ32ミリメートルにスライスした極薄の大理石です。

それが空間にもたらす効果は、建物の内部に入らなければわかりません。外部の自然光が薄い大理石を光らせ、それが室内をやわらかく照らします。この本の最初のほうでもお話ししたとおり、「空間」と「光」は建築にとって大切な要素。大理石を使ってこんなふうに空間を演出したのは、じつにすばらしいアイデアだと思います。

「宇宙船地球号」の生みの親は建築家だった

次は、まったく毛色の違う天才的な人物をご紹介しましょう。思想家、構造家、発明家、詩人など、建築家という枠組みだけではおさまらない活動で大きな存在感を示した**バックミンスター・フラー**（1895－1983）です。

地球環境問題が語られるときに、「宇宙船地球号」という言葉を見聞きすることが誰でもあるでしょう。人類は地球という宇宙船に乗って生きていくしかないのだから、環境を破壊しないように努めなければいけないし、乗員同士で戦っている場合ではない——そんなニュアンスが込められているわけですが、じつはこの**「宇宙船地球号」**という言葉を最初に使ったのがフラーでした。

1963年の著書**『宇宙船地球号操縦マニュアル』**の中で、フラーは宇宙的な視点から地球や人類の持続可能性について語っています。そこでは、限りある化石燃料を消費し続けることの愚かさなども指摘されました。

いかにサステイナブルな社会を築くかという問題意識を持っていた点で、いま国連が推進しているSDGs（持続可能な開発目標）の先駆者のような存在です。先ほど、建築家は自分の作品と都市との関係性を考えなければいけないという話をしましたが、フラーは「宇宙の中の地球」と建築の調和まで考えていたといえるでしょう。

構造家としてのフラーは、20代の頃から、**安価で効率のよいシェルター**をつくることを考えていました。目指したのは、建設に手間がかからず、少ない部材で広いエリアを覆えるシェルターです。

そのための試行錯誤の末にたどり着いたのが、1947年に考案された**「ジオデシック・ドーム」**でした。ジオデシックは幾何学の用語で、曲面上の2点間を最短距離で結ぶ

バックミンスター・フラー「マンハッタン・ドーム（ジオデシック・ドーム　1967年モントリオール万博アメリカ館）」

「測地線」のこと。フラーが発明したドームは、正十二面体や正二十面体など球に近い多面体を三角形で分割し、表面を測地線の集まりで構成したものでした。幾何学的な説明は省きますが、規格化された三角形の部材を組み合わせることで大きな内部空間をつくることができるのが、このドームのミソです。

1961年、彼はこの別名**「フラー・ドーム」**を使った壮大な計画を発表しました。その名も**「マンハッタン・ドーム」**。ニューヨークのマンハッタン島を3分の1ほど覆える鉄のジオデシック・ドームをつくり、骨組みのあいだはガラスやアクリルなど透明な素材でふさぐという大胆きわまりない巨大建築です。16機のヘリコプターで部材を吊り下げて運搬して空中で組み立てるなど、具体的な建設方法も提案しました。

ドーム建設の目的は、やはり環境問題の解決やサステイナビリティの向上です。この時代はスモッグなどによる大気汚染問題がありましたから、こんなドームで都市を覆えば、空気を浄化できる。また、都市の機能をドーム内に集約すればエネルギー効率も良くなる

バックミンスター・フラー「ダイマクシオン・ハウス」

はずだというのが、フラーの考えでした。

もちろん、マンハッタン・ドームは計画だけで終わった「アンビルト作品」です。しかし1967年のモントリオール万博では、**球状のジオデシック・ドームに包まれたアメリカ館**が実作されました。日本でも、1999年まで稼働した富士山測候所の気象レーダーでジオデシック・ドームが使用されていたことがあります。

さらに、フラーは大量生産できる住宅として**「ダイマクシオン・ハウス」**を発明しました。「ダイマクシオン」は、最小のエネルギーで最大の効率を引き出すことを意味するフラーの造語。フラーは1927年から**「ダイマクシオン計画」**と名づけた研究を始めていました。その成果のひとつが、ダイマクシオン・ハウスです。

移動可能なモバイルハウスとして考案されたダイマクシオン・ハウスは、中心にある1本の柱で屋根や外壁を吊り下げる構造。太陽光を反射するアルミ製の外壁や、屋内の空気を循環させる仕組みなど、さまざまな工夫が施されていました。これもプロトタイプがつくられただけですが、のちの住宅建築に多くのヒントを与えています。

20世紀「最後の巨匠」ルイス・カーンの建築哲学

ユニークでスケールの大きい思想家でもあったフラーに続いて、こんどは重々しい哲学的な建築論で知られる建築家を紹介しましょう。**「最後の巨匠」**とも呼ばれる**ルイス・カーン**（1901−1974）です。

カーンはロシア帝国時代のエストニア出身。1906年からは米国で育ちました。ペンシルベニア大学美術学部では、フランス人建築家の下でボザール流の教育を受けています。その影響もあって、モダニズム世代の建築家でありながら、石やレンガなどを積み上げる組積造のアーチを好むなど古典的な感覚を持ち合わせていました。

イェール大学やペンシルベニア大学で教鞭を執ったカーンは、多くの弟子を持つ指導者としても建築界で大きな存在感を放っています。その理論は難解で、僕も学生時代にはカーンの考え方に基づく設計課題に苦しみました。カーンが亡くなったのは僕の学生時代ですから、「リアルタイムの巨匠」だったのです。

その哲学の一端を見てみましょう。カーンは、たとえばこんなことを語っています。

ルイス・カーン「ソーク生物学研究所」(1965)

〈建築とは、真実に向かって手を差し伸べるものである〉

〈偉大な建築は、最初は物理的に測れないものがあるとき測れるようになり、最後にデザインされたものは測れないものでなければならない〉

〈デザインは美をつくるものではなく、選択、好み、協調性、愛から授かるものだ〉

というわけで、僕にはうまく解説できませんが、こういう深淵で詩的な表現で建築理論を語っていたのがカーンだと思ってください。日本にも、**工藤国雄**(くどうくにお)さん(1938－)や**新居千秋**(あらいちあき)さん(1948－)など、カーンの薫陶を受けた建築家がいます。彼らも、しばしば難解な言葉で語るのが特徴です。

そんなカーンの代表作は、カリフォルニア州サンディエゴ郊外のラ・ホヤに1965年に設立された**「ソーク生物学研究所」**。創設者のジョナス・ソークは、ポリオ・ワクチンの開発で知られる研究者です。

カーンは、建築には住まいの顔となる**「サーブド・スペ**

ース（サポートされる機能空間）」と住まいを裏から支える**「サーバント・スペース（サポートする機能空間）」**があると考え、両者をはっきりと分けるような設計を志向しました。リビングやダイニング、寝室などはサーブド・スペース、浴室やトイレなどはサーバント・スペースです。

ソーク生物学研究所では、その両者を上下の2層に分離する設計を採用しました。研究者の個室と実験室も地上と地下に分け、高い居住性の求められる個室は中庭に対して45度の角度で重なり合うように張り出した形になっています。その研究室の窓から見渡せるのは、中央通路の先に広がる太平洋。軸線に沿って左右対称に並べられた研究棟のたたずまいには、壮大な古典建築の雰囲気も感じられます。

ルイス・カーン「キンベル美術館」（1972）

カーンが設計して1966年から1972年にかけて建てられたテキサス州フォートワースの**「キンベル美術館」**も、クラシックなヴォールトが印象的な傑作です。形状は古典

的ですが、外壁の素材は装飾のない打ちっ放しのコンクリート。屋根から巧みに取り入れられた光は、天井に備えつけられた装置によって拡散され、内部空間をやわらかく照らします。

カーンは**「ポエトリー・オブ・ライト（光の詩）」**という言葉で建築における光の重要性を語りましたが、この空間はまさに詩的な光に満たされているといえるでしょう。ル・コルビュジエやミースのような軽やかなモダニズムとは一線を画すカーンですが、クラシックな重さを残しつつ20世紀の建築に新しい息吹を与えた建築家だと思います。

エーロ・サーリネンの斬新な空港建築

モダニズムと古典の相克といえば前章でお話ししたシカゴ・トリビューン本社ビルのコンペを思い出しますが、そこで出てきた**エリエル・サーリネン**という名前を覚えているでしょうか。コンペでは2位でしたが、その後の超高層ビル建築に多大な影響を与えたフィンランド出身の建築家です。

じつはその息子の**エーロ・サーリネン**（１９１０－１９６１）も米国で建築家として活躍し、数多くの名作を世に送り出しました。とくに有名なのは、２つの空港設備です。

エーロ・サーリネン「TWAターミナル
(Trans World Airlines Flight Center)」(1962)

エーロ・サーリネン「ダレス国際空港ターミナル」(1962)

ひとつは、ジョン・F・ケネディ空港の**「TWAターミナル」**(1962年)。1994年にニューヨーク市の歴史建造物、2005年には米国の国家歴史登録財に登録されました。TWA（トランス・ワールド航空）は2001年にアメリカン航空に吸収合併されて消滅し、現在は空港ホテルのラウンジとして利用されています。

設計されたのはもう60年ほど前ですが、現代の感覚で見ても未来的な印象を受けるデザインですから、完成当時はビックリするほど斬新なものだったでしょう。美しい曲面を描くシェル構造が、エーロ・サーリネンの得意とするスタイルでした。

やはり1962年につくられた**「ダレス国際空港ターミナル」**も、大胆な曲面構造となっています。少し傾いた両サイドの列柱に引っ張られる屋根はコンクリート製ですが、まるでカーペットのように優雅なカーブを描いているのが美しい。TWAターミナルもそうですが、空に向かって羽ばたくような動きを感じさせるデザインは、空港に集まる人々の気持ちを高めてくれます。

残念ながら、エーロ・サーリネンは2つの空港施設がオープンする前の1961年に51歳という若さで亡くなってしまいました。もっと長く生きていれば、これ以上に斬新なデザインで建築界を刺激してくれたことでしょう。

商業主義に彩られたニューヨーク万博

先ほどエーロ・サーリネンの作品を「未来的」という言葉で形容しましたが、**1964年のニューヨーク万博**も、その時代に人々が思い描いた「未来」がどんなものだったかを、建築を通して知ることのできるイベントでした。

人類の未来を変えるものといえば、いちばん影響力が大きいのは科学技術です。産業革命以降、たとえば鉄とガラスで覆われたクリスタル・パレスがそうだったように、万博の

ニューヨーク万博（1964）

建築はその時代の科学技術を反映してきました。

では、60年代の科学技術はどんな未来を人々に想像させたのか。いまの世界はＡＩ（人工知能）という新技術がもたらす未来に期待しつつも、何が起こるかわからないという不安を感じてもいます。でも20世紀の社会では、科学技術が基本的に「輝かしい未来」を人類に与えてくれると思われていました。

とくに米国の場合、ケネディ大統領が「60年代中に人間を月に到達させる」と宣言し、アポロ計画で盛り上がった時代です。人類が宇宙に向かって飛び出していくことに、大きな期待や希望を感じていた人は多かったでしょう。

ニューヨーク万博も、地球をかたどった**「ユニスフィア」**というモニュメントやロケットなど、**「宇宙」**を感じさせる演出が目立ちました。ニューヨーク州パビリオンのシンボルタワーも、宇宙を舞台にしたSF映画などに出てきそうなデザインです。宇宙船がふわりと浮かんだように見えるパビリオンもありました。

一方で、GMやフォード、コカ・コーラ、IBM、ベル電話会社、アメリカン・エキスプレスなど、米国を代表する大企業のパビリオンが、国や自治体のパビリオンをしのぐほどの規模と人気を誇ったのも、この万博の特徴です。そのためスポンサー企業の意向を優先した商業主義的なデザインが多く、それを設計した建築家の名前はあまり語られません。そういう点でも、このニューヨーク万博は「時代の鏡」だったといえるでしょう。

パオロ・ソレリの「アーコロジー」

しかし1970年代に入ると、人口過剰や自然環境の悪化など、あまり楽観的ではいられない未来も見えてきます。産業革命以降、人間の社会では都市化がどんどん進みましたが、それを放っておいたら、地球はいずれ都市に覆い尽くされてしまうのではないか——そんな問題意識から**「アーコロジー」**という新たな建築概念が生まれました。「アーキテクチャー（建築）」と「エコロジー（生態学）」を合わせた造語です。

それを提唱したのは、イタリア出身の建築家**パオロ・ソレリ**（1919－2013）でした。1947年に渡米したソレリが師事したのは、あのフランク・ロイド・ライトです。

当時のライトは、ウィスコンシン州に**「タリアセン・イースト」**、アリゾナ州に**「タリアセン・ウエスト」**という自宅兼建設スタジオをつくり、**「タリアセン・フェローシップ」**という学校も運営していました。

そこでライトが実践しようとしたのは、彼自身が**「有機的建築」**と名づけた建築哲学です。建築物と周辺の環境が一体となることで、人間の生活と自然の調和を目指す考え方でした。第5章で紹介した**「落水荘」**は、まさにこの哲学を体現したものです。タリアセンの学校では、学生たちが建築の勉強をするだけでなく、敷地内で農作業もしながら、自給自足的な共同生活を営みました。ソレリが唱えたアーコロジーの根っこには、そこでライトから学んだ精神があるのでしょう。

ソレリは、地球環境への悪影響を最小限にとどめるには、都市のスペースをコンパクトにしなければならないと考えました。そのために、都市そのものを立体化して人間を高密度で収容するというのが、アーコロジーの基本です。そうすることで、資源を効率的に使うことができる。また、周辺の土地を農地にすることもできますし、車の要らない職住近接のライフスタイルも可能になるでしょう。

そのアーコロジーを実践すべく、アリゾナ州フェニックスの北方にある標高1130メ

ソレリが提唱したアーコロジー実践都市「アーコサンティ」

ートルの砂漠に、１９７０年から**「アーコサンティ」**という実験的な都市の建設を始めました。ライトのタリアセンと同様、そこはアーコロジーを学ぶ場でもあるので、ボランティアとして集まる学生たちは授業料を払わなければいけません。その授業料が、アーコサンティ建設のために使われます。

ただ、壮大な設計図はあるものの、建設そのものはなかなか進みません。ソレリ自身は２０１３年に亡くなってしまいました。すでに着工から50年ほど経ちますが、できあがっているのはアーチ状のエントランス部分ぐらいです。

でも、ソレリの夢は彼の弟子たちによっていまでも続いています。ユーチューブにはアーコサンティ関係者の動画がたくさんありますので、興味のある人は見てみるといいでしょう。僕よりも年上であろうヒッピー世代のお年寄りが「自分は19歳のときからここにいる」とか「一生ここでやっていくつもりだ」などと語っていたりします。

ちょっとカルトっぽい雰囲気も漂いますが、それも含めて米国社会の面白いところなのかもしれません。コカ・コーラに代表されるような商業主義や大衆消費文化もあれば、それに抵抗するかのようなエコロジストもいる。そして建築は、どちらとも無縁ではいられません。やはり、建築は時代の政治、経済、社会に左右される営みなのです。

第8章

日本のモダニズム

コンペ規定の「日本趣味」に抵抗したモダニスト

前章では、戦後の米国にフォーカスして、1970年代までの動きを見てきました。そこから先は「ポストモダン」や「デコンストラクション（脱構築）」といった流行を経て現在にいたるわけですが、その話をする前に、時計の針をこんどは「昭和」の時代まで戻して、**日本におけるモダニズム建築の歴史**を振り返っておきましょう。

モダニズムと保守派の対立は、しばしばコンペの場で顕在化します。アドルフ・ロースが強烈な皮肉でゴシック様式に抵抗したシカゴ・トリビューン本社ビルもそうでしたし、ル・コルビュジエを排除した国際連盟本部ビルもそうでした。

じつは日本でも、1930年（昭和5年）にそれと同じような「事件」が起きています。募集されたのは、関東大震災で被害を受けた**「東京帝室博物館本館」**（現在の東京国立博物館本館）の建て直し計画案。コンペを主催した宮内省は、募集規定で**「日本趣味を基調とする東洋式とすること」**としていました。

このコンペの審査員長は、第1章でも紹介した**伊東忠太**です。日本の建築界で「西洋建築を学ぶだけでいいのか」という機運が生じたときに、日本建築のルーツはギリシャ建築だと主張する「法隆寺建築論」を書いた人物。その後、伊東は日本や東洋の建築史を体系的に研究しました。平安神宮、明治神宮、築地本願寺など寺社の設計でも知られています。

渡辺仁「東京国立博物館本館」
（「旧東京帝室博物館本館」）（1937）

西洋建築の手法に基づきながら新しい日本建築を生み出すことを考えていた建築家ですから、このコンペが「日本趣味」を求めたのは、彼の意向によるところが大きいでしょう。

このコンペ規定には、近代建築を推進するグループからの反発もありました。応募を拒否する運動も起きています。それもあって、応募案のほとんどは**「帝冠様式」**と呼ばれるものになりました。近代的な鉄筋コンクリートのビルに、日本風の瓦屋根をかぶせるスタイルです。現在の東京国立博物館本館を見ればわかるとおり、コンペで採用された**渡辺仁**（わたなべじん）（1887―1973）の原案もまさにそれでした。

しかしこのコンペに、「日本趣味」でも「東洋式」でもないモダニズムのデザイン案を落選覚悟の上で応募した若き建築家がいます。落選が決まった後、彼は『**負ければ賊軍**』という過激なタイトルの文章を雑誌に書き、「態見(ざま)やがれ!」などとコンペの審査員を挑発しました。まさにアドルフ・ロースを思わせるようなケンカ腰。この強気な若手建築家こそ、ル・コルビュジェに弟子入りした最初の日本人、**前川國男**(まえかわくにお)(1905-1986)です。

ル・コルビュジェと前川國男

1928年に東京帝国大学工学部建築学科を卒業した前川は、その日の夜に日本を離れ、シベリア鉄道経由でパリへ渡りました。そこでル・コルビュジェに弟子入りし、2年間、無給で仕事に励みます。

1930年に帰国すると、前川は**アントニン・レーモンド**(1888-1976)の東京事務所に入りました。チェコ出身のレーモンドは、フランク・ロイド・ライトの弟子。帝国ホテルが建設されるときに来日し、その後も日本で仕事を続けました。日本の建築家たちに多大な影響を与えたという意味で、「日本近代建築の父」のような存在です。

ル・コルビュジェとレーモンドの薫陶を受けた前川は、「日本のモダニスト第1号」と呼んでもいいでしょう。レーモンド事務所に入った翌年に東京帝室博物館本館のコンペで名を挙げ、1932年に竣工した青森県弘前市の**「木村産業研究所」**の設計でデビューしました。それから3年後には独立して、自らの設計事務所を銀座に開設します。独立後の初仕事は、小さなバラックビルを改造した**「森永キャンデーストア銀座売店」**でした。

前川の代表的なモダニズム作品を味わうなら、東京の上野公園に行くとよいかもしれません。そこにある**東京文化会館**（1961年）と**東京都美術館**（1975年）は、いずれも彼が手がけたものです。問題のコンペで前川が落選した東京国立博物館も、同じ公園内に建っています。その堂々たる帝冠様式と前川のモダニズム建築を見比べて歩くだけで、「昭和の日本建築史」の大きな流れが実感できるのではないでしょうか。さらに上野公園には、前川の師匠ル・コルビュジエが設計した**国立西洋美術館**（1959年）もあります。その建設には、前川も協力しました。

前川は、ル・コルビュジエやレーモンドから学んだモダニズム建築の理念をそのまま実行したわけではありません。ヨーロッパと日本では気候や風土が異なるので、まったく同じようにやろうとすると不都合が生じます。そのため前川は、日本の気候・風土に合うモダニズム建築を模索しました。

たとえば、モダニズム建築でよく使われるコンクリートの打ちっ放し。これを日本でやろうとすると、昔の技術では、凍結してヒビが入ってしまったり、中から破裂したりするおそれがありました。

そこで1960年代以降の前川は、外壁にタイルを貼るようになります。その作業を効率よく行なうために**「打ち込みタイル」**という工法も開発しました。

ふつう、外装タイルはコンクリートを打った後に最後の仕上げとして貼りつけます。それに対して、コンクリートを流し込む型枠に最初からタイルを組み込んでおくのが「打ち込みタイル」。工程が短縮されるだけでなく、外壁の耐久性も高まりました。仕上がりも美しくなります。

先ほど紹介した東京文化会館は基本的にコンクリート打ち放しですが、一部にはこの工法で貼られたタイルが使われました。その14年後に建てられた東京都美術館は、ほぼ全面的に「打ち込みタイル」。レンガを積み上げたように見えますが、本物のレンガはごく一部で、ほとんどはタイルです。

外壁をタイルで飾るのは、ル・コルビュジェ流のモダニズム建築とはかなり違うものだといえるでしょう。「日本趣味」を押しつけるコンペ規定に反発したときの若き前川國男だったら、そんな外壁は考えなかったかもしれません。

しかし彼は長いキャリアの中で、日本独自の近代建築とは何かを考え続けました。日本のモダニズム建築のパイオニアだったからこそ、そういう問題意識を背負い続けたのだろうと思います。そして、打ち込みタイルという工法にたどり着いた。上野公園に行ったら、帝冠様式とモダニズムを見比べるだけでなく、ル・コルビュジェと前川のモダニズムの違いもぜひ見比べてみてください。

日本の近代建築を切り開いた「分離派」

さて、話を戦前に戻しましょう。

時代がやや前後してしまいますが、じつは前川が登場する前にも、若手建築家たちによる造反運動のようなものがありました。1920年（大正9年）、東京帝国大学建築学科を卒業した同期生6名が**「分離派建築会」**というグループを結成し、**「建築はひとつの芸術である」**などと主張したのです。

分離派といえば、19世紀末のウィーン。グスタフ・クリムトらが始めたウィーン分離派の運動は、建築の分野ではモダニズムの先駆けとなったオットー・ワーグナーを輩出しました。日本の「分離派」も、それを意識したネーミングです。

当時、東京帝大を中心とする日本の建築学は、「美」よりも「用」と「強」に重きを置

堀口捨己「平和塔」
（「平和記念東京博覧会」メイン・パビリオン）（1922）

いていました。工学的な構造計算や建設技術など、いわば「理数系」の学問として教えられていたわけです。建築の芸術性など、二の次、三の次。そういうアカデミズムのあり方に反発したのが、「分離派」の若者たちでした。

彼らの多くはドイツの表現主義から影響を受けていたようです。ただし会派として共通のスタイルはなく、展覧会や図録などの活動を通じて、それぞれのメンバーが自分の芸術性を追求していました。また、彼らはただのアウトサイダーだったわけではなく、公共的なイベントで実作の機会も得ていました。第一次世界大戦の終結から4年後の1922年に上野公園で開催された**「平和記念東京博覧会」**では、**堀口捨己**（1895－1984）、**瀧澤真弓**（1896－1983）、**蔵田周忠**（1895－1966）ら分離派のメンバーが展示施設などの設計に起用されています。この博覧会は伊東忠太が顧問を務めていましたから、分離派はそれなりに認められた存在だったのでしょう。メイン・パビリオンの**平和塔**も堀口が設計を手がけました。

分離派建築会は1928年までに7回（関西でも2回）の展覧会を

山田守
「東京逓信病院」（1937）

山口文象
「黒部川第二発電所」（1936）

開いた後、メンバー同士の意見対立もあって自然消滅しましたが、のちに建築家として活躍したメンバーは少なくありません。

リーダー格だった**堀口捨己**は、教授として勤務した**明治大学の校舎群**や、重要文化財に指定された名古屋の老舗料亭・**八勝館**（はっしょうかん）などを設計しました。日本の伝統建築の近代化を模索し、茶室や数寄屋の研究者としても知られています。

山田守（やまだまもる）（1894－1966）は大学卒業後に逓信省に入り、1945年に退官するまで同省の建物を設計しました。その中でも、1937年に竣工した**「東京逓信病院」**は日本のモダニズム建築の名作のひとつ。退官後は独立して建築設計事務所を設立し、京都タワーや日本武道館（いずれも1964年）などの設計を手がけました。

山口文象（やまぐちぶんぞう）（1902－1978）は、その逓信省の営繕課で製図工として働いていたときに山田守と出会い、1923年に分離派建築会に入りました。ほぼ同時期に、自ら**「創宇社建築会」**という近代建築

石本喜久治「白木屋本店」（1928、1931）

運動団体も設立しています。内務省や日本電力の嘱託技師として、関東大震災の復興事業やダムの土木デザインなどにも関わりました。

1930年には、ダムに関する技術調査のためにベルリンに渡ります。そこで出会ったのが、すでにバウハウスを辞めていたヴァルター・グロピウスでした。グロピウスの下(もと)で2年間を過ごした山口は、1932年に自分の建築設計事務所を設立。その数年後に手がけた**「黒部川第二発電所」**は、彼の代表作となりました。実作されたものとはかなり違いますが、最初に山口が描いた黒部第二発電所のスケッチはじつにバウハウス的で、グロピウスの影響を感じさせるものでした。実際の建物も、合理性と機能性を重視したモダニズム建築です。とくに左側の水平連続窓は、ル・コルビュジェの「5原則」にしたがったものでしょう。荷重を受ける柱は内側にあり、外壁はカーテンウォール構造になっています。

石本喜久治(いしもときくじ)（1894−1963）も、大学卒業後に竹中(たけなか)工務店に入ってから自費で欧米を視察し、カンディンスキーやグロピウスと会いました。建築家としてのデビュー作は、竹中工務店時代に設計した**東京朝日新聞社**（１９２７年）。その翌年から手がけた日本橋の**「白木屋本店」**は、戦前のモダニズム建築を代表する名作です。

白木屋本店ビルでまず目を惹くのは、角が曲面になっていること。第４章で紹介したルイス・サリヴァンの「カーソン・ピリー・スコット・ストア」を想起させます。でも、サリヴァンの百貨店がアール・ヌーヴォー風の装飾だったのに対して、白木屋本店のほうはアール・デコの影響を受けていると考えていいでしょう。建築の様式だけでなく、装飾面の流行も、やはり欧米から日本に届いていたわけです。

師匠のライトを怒らせた土浦亀城の自邸

次は、分離派建築会のメンバーたちよりも少し年下の建築家を紹介しましょう。彼らと同じく東京帝国大学出身の**土浦亀城**（１８９７－１９９６）です。

大学の先輩である遠藤新と懇意にしていた土浦は、フランク・ロイド・ライトの手伝いで帝国ホテルの仕事をしていた遠藤の仲介で、東京帝大に在学中の１９２２年、製図工としてそれに参加しました。そこでライトに気に入られ、彼が解任されて帰国する際、米国に来るよう誘われます。そして大学卒業後の１９２３年に、夫人と共に渡米。ライトのタリアセンで3年間を過ごしました。

1926年に帰国した土浦は、大倉土木（現在の大成建設）に入り、住宅の設計を始めます。当然ながら、当初はライトの作風に強い影響を受けていました。

ところが、やがてそれが変化します。たとえば**1931年に五反田、1935年に上大崎に建てた2軒の自邸**は、明らかにバウハウスやル・コルビュジェらの影響を受けたものでした。室内に置かれた椅子は、ミース・ファン・デル・ローエがバウハウスの校長時代にデザインした有名なカンチレバーチェアです。

僕は東京大学の藤森照信先生の研究室で博士課程を過ごしたのですが、藤森先生は当時、上大崎の土浦亀城邸の管理を任されていました。そのため僕も、見学させてもらったことがあります。1階から階段を半分上がるとリビング、そこからさらに半分上がると小さなアトリエがあるという、面白い空間でした。機能的でシンプルな内装は、じつにバウハウスっぽいものだと思います。

じつは、土浦が最初に五反田の自邸を建てた際に「こんな家を設計しました」とライトに写真を送りました。師匠を喜ばせようと思ったわけですが、これは完全に裏目に出ます。弟子の設計した住宅を見たライトは激怒して、ものすごい剣幕で批判する手紙を送りつけました。その手紙は藤森研究室に寄贈されていたので、僕も見たことがあります。

もちろん、土浦自身は師匠のライトを裏切るつもりなどありませんでした。のちに「ライトの真似はとてもできない。あの形はあの人にしか活かせない」と語っています。つまり、ライトの作風は強烈な個性によるものであって、誰でも使える普遍的な「様式」にはなり得ないということでしょう。

土浦亀城「自邸」(上大崎)(1935)

土浦の自邸の室内。シンプルで機能的な空間

それに対して、ル・コルビュジェの「5原則」に始まるモダニズム建築には、普遍性がある。だから確固たる「様式」として世界に広まったわけです。

土浦をライトに紹介した遠藤新は、「日本のライト」と呼ばれたほど師匠の作風を受け継ぎ、死ぬまでそれを背負っていました。一方、土浦はそこに限界を感じて、モダニズムの世界で生きていくことを選んだ。建築家の生き方もさまざまです。

遠藤のような生き方も僕は否定しませんが、のちの建築に大きな影響を与えたのは土浦のほうかもしれません。彼の作品は、**断熱効果**を高めるなどコストを下げる工夫がなされていました。また、狭い空間を最大限に効率よく使うことも考えられています。**都市に建てる小住宅のあり方**をいち早く提示した建築家が、土浦亀城でした。

パリ万博でグランプリを獲得した坂倉準三の「日本館」

土浦が渡米してライトの弟子になったのは、1923年。すでに紹介したとおり、前川國男が渡欧してル・コルビュジェの弟子になったのは、その5年後の1928年でした。それより前に活動していた分離派建築会の存在も含めて、1920年代の日本は、欧米から学んだモダニズム建築の胎動期のようなものだったといえるでしょう。前川が「日本趣

坂倉準三「パリ万国博覧会の日本館」(1937)

味」という規定にケンカを売った1930年のコンペ騒動は、その新しい潮流が大きな力を持ち始めたことの表われだったのだろうと思います。

30年代の後半には、再び「日本趣味」と「モダニズム」の対立が生じました。モメたのは、**1937年のパリ万博に建設する日本館のデザイン**です。

設計案の選考を担当したのは、安田講堂の設計者としても知られる東大教授の**岸田日出刀**(きしだひでと)(1899―1966)でした。彼は、モダニズム派の建築学者です。1930年の東京帝室博物館本館コンペの際は、まだ東大の助教授でしたが、規定を無視した前川案を支持して伊東忠太と激論を戦わせました。

そのリベンジ・マッチというわけではないのでしょうが、岸田は数名の建築家に作成された日本館の原案の中から、前川の案を推薦します。しかし万博協会は、それが日本的なデザインではなかったため、認めようとしません。

1937年といえば、日中戦争の端緒となった盧溝橋事件が起きた年。国粋主義的な風潮がますます高揚していく時期だったのでしょう。結局、前川案は見送られ、**前田健二郎**（1892－1975）が日本館を設計することになりました。**京都市美術館**（現・京都市京セラ美術館）の原案を考案したことなどで知られる建築家です。

しかし現地のパリでの工事監理をめぐる問題が浮上し、計画はなかなか進みません。そこで白羽の矢が立ったのが、**坂倉準三**（1901－1969）でした。彼も東京帝国大学出身ですが、卒業したのは建築学科ではなく、文学部の美術史学科。卒業後に渡仏してパリ工業大学で建築を学び、1931年からは前川の紹介で**ル・コルビュジェ事務所**で仕事をしていました。

1936年、坂倉はル・コルビュジェ事務所を辞めて帰国しましたが、日本館の工事監理を担当することになり、再びパリに戻ります。そこからどういう経緯があったのかはよくわからないのですが、恐らく岸田の後押しで、坂倉は前田案を大幅に修正（というか破棄）して、独自の設計を行ないました。日本伝統の**「海鼠壁」**を取り入れることで「和」のテイストを出してはいますが、全体的にはル・コルビュジェ流のモダニズム建築です。

坂倉としては、師匠ル・コルビュジェのいるパリに建てる以上、ほかに選択肢はなかったでしょう。違うことをやれば、それこそライトを怒らせた土浦亀城のように、ル・コルビュジェから「おまえは私のところで何を学んだんだ？」などといわれかねません。

結果的に、この設計変更は大成功に終わりました。坂倉の設計した**日本館**は高く評価され、**パリ万博の建築部門グランプリを受賞**したのです。当初ル・コルビジェが愛弟子の坂倉を日本政府に推薦したという記録がありますが、その影響を割り引いても、これは快挙といっていいでしょう。欧米からモダニズムを学んできた日本人建築家の作品が世界で初めて認められたのが、この日本館でした。

軍国主義の影響を感じる神殿のような村野藤吾の作品

ところで、同じ1937年には、パリ万博の日本館とはかなり毛色の違う建築もつくられました。**村野藤吾**（むらのとうご）（1891－1984）の出世作となった、山口県宇部市の**「渡辺翁記念会館」**（わたなべおう）です。宇部市の発展に寄与した実業家・渡辺祐策（わたなべすけさく）を記念して、市民会館として建設されました。

これまで紹介してきた建築家はほとんど東京帝国大学の出身者でしたが、村野は早稲田

村野藤吾「渡辺翁記念会館」(1937)

大学の建築学科出身。古典主義を取り入れた作品も多く、戦後はモダニズム派から批判されたこともありますが、その名を冠した「村野藤吾賞」が1988年に設立されたことからもわかるとおり、日本建築史に名を残す偉人のひとりです。

その村野が手がけた渡辺翁記念会館は、荘厳で重々しい神殿のようなデザインでした。坂倉の日本館はガラス張りで開放的なモダニズムですが、こちらは閉鎖的な印象です。よくいえば、たいへん力強い。僕には、これが当時の軍国主義的な空気とつながっていたように思えてなりません。ヒトラーのナチスドイツが、重厚な新古典主義建築を好んだのと同じような匂いを感じます。

勘違いされると困りますが、僕は戦前の村野藤吾が軍国主義者だったなどといいたいわけではありません。また、坂倉のモダニズム建築が万博で「日本館」として披露されたぐらいですから、バウハウスを弾圧したナチスほどの極端な動きは見られませんでした。

しかしそれでも、建築はその時代の政治や社会と無関係ではいられません。1930年代は、歴史の流れとしては、欧米的なモダニズムが力を持ち始めた時代です。でも、前川のモダニズムは二度にわたって「日本趣味」を求める声に潰されました。この渡辺翁記念会館のようなものがつくられたのも、当時の社会情勢と無縁ではないと僕は思います。

ですから、やはり「西洋建築史」の大きな流れだけで建築を語ることはできません。これまでも何度かお話ししてきたとおり、建築には、それぞれの地域がそれぞれの時代に抱えていた問題や空気感が反映されます。戦争はその最たるものでしょう。そういう時代性を読み取るのも、建築を鑑賞する上でたいへん意義深いことだと思います。

丹下健三のデビュー作「大東亜建設記念営造計画」

1941年の真珠湾攻撃によって対米戦争が始まった翌年には、まさに当時の時勢を象徴するようなコンペが行なわれました。日本建築学会が企画した**「大東亜建設記念営造計画」**です。大日本帝国が目指す「大東亜共栄圏」確立のために、その意図を表象するような建築プランを求めるものでした。

これは、実作を前提にしたコンペではありません。戦時中は建築家が腕を振るう機会をなかなか得られなかったので、大きなテーマのアイデア・コンペを実施することで、学会員が競争する場を設けたのでしょう。

このコンペが、のちに戦後日本を代表する存在となった建築家の華々しいデビューの舞

丹下健三「大東亜建設記念営造計画」案

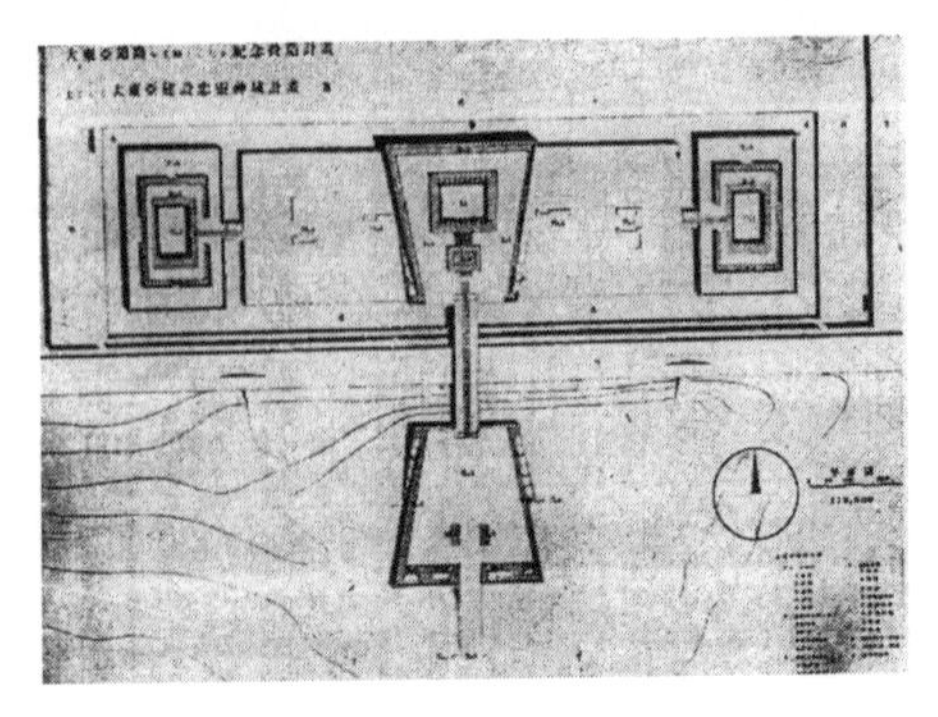

台になりました。当時29歳だった**丹下健三**（1913－2005）です。

1938年に東京帝国大学を卒業し、前川國男の事務所で修業していた丹下は、並み居る先輩たちを押しのけて、**大東亜建設記念営造計画コンペで1等を獲得**しました。皇居から富士山に向かう「大東亜道路」と「大東亜鉄道」を建設し、その終着点の富士山麓に「忠霊神域」という神殿を建てるという壮大な計画でした。

この計画のポイントは、富士山に向かう軸線に対して左右対称に建物が配置されていることです。たとえばミケランジェロのカンピドリオ広場がそうだったように、軸線を中心に空間を構成するのは古くからの西洋の伝統。また、丹下はハイデガーの哲学をよく読んでおり、その空間論にも影響を受けていたようです。ハイデガーの理論を踏まえた**「ミケランジェロ頌」**という論文も書きました。そのあたりは難解な話なので深入りしませんが、彼のデビュー作はそういった理論に裏づけられたものだったのでしょう。ここで見せた軸線中心の空間構成は、戦後に手がけた広島平和記念公園の設計でも活かされています。

丹下はこのコンペの翌年（1943年）にも、**在バンコク日本文化会館のコンペ**で1等を取りました。建築家の活躍の場が少ない時期に、それまで実績のなかった若手が2戦2勝という結果を出したのですから、そのインパクトは強烈だったでしょう。「大物ルーキー」として周囲の期待も高まったと思います。

渡仏してル・コルビュジエに弟子入りした前川や坂倉と違って、丹下は欧米への留学をしていません。日本の大学を卒業し、前川からル・コルビュジエ流のモダニズム建築を学びました。いわば「純国産」の建築家が、大物ルーキーとして頭角を現したわけです。日本のモダニズム建築が、それだけ成熟してきたということでしょう。そして戦後の丹下健三は、日本の近代建築のレベルアップに多大な貢献を果たしました。

CIAMでも高く評価された広島平和記念公園

丹下健三「広島市平和記念公園」(1952−1955)

1945年の敗戦直後、日本の建築界にとって最大の課題となったのは、いうまでもなく戦災によって崩壊した都市の復興です。丹下も、東京、前橋、呉(くれ)、稚内(わっかない)などの復興都市計画に携わりました。

その中でもとくに力を入れたのが、被爆地・広島の復興です。まだ原爆の残留放射能が懸念される時期に、自ら志願して東大の丹下研究室のスタッフらと広島に入り、都市計画業務に従事しました。

そして1949年、広島平和記念都市建設法の制定を受けて広島市が主催した**「広島市平和記念公園及び記念館」**のコンペでは、丹下案が1等に選ばれます。**記念館、広場、慰霊碑、そして原爆ドームを1本の軸線でつなげる**というデザインでした。慰霊碑のアーチから原爆ドームが見通せることは、

丹下健三
「香川県庁」(1958)

丹下健三「旧東京都庁」(1957)

現地を訪れたことのある人ならよくご存じでしょう。

公園の中心施設である広島平和記念資料館は、典型的なモダニズム建築。コンクリート打ち放しで、1階はル・コルビュジェの「5原則」どおりのピロティになっています。ただし丹下は、法隆寺や厳島(いつくしま)神社、伊勢神宮、桂離宮などに見られる日本建築の伝統的な要素もそこに取り入れました。

1951年に、丹下は師匠の前川國男に誘われて、ル・コルビュジェやグロピウスなどが顔を揃えるCIAMに参加します。そこで彼は、一連の「広島の計画案」を発表しました。これはCIAMでも高く評価され、丹下健三の名は国際的にも広く知られるようになります。

その後、丹下は**旧東京都庁**(1957年)や**香川県庁**(1958年)など、次々とモダニズムの傑作を世に送り出しました。いまは解体され、跡地には東京国際フォーラムが建てられましたが、旧東京都庁は初期の丹下健三の代表作。同じモジュールをたくさん並べているあたりは、かつてル・コルビュジェが構想した集合住宅を思わせるものがあります。**モダニズム建築の模範**のような作品といえるでしょう。

一方、香川県庁は「和風」の表現が取り入れられました。各階のバルコニーの下に出ている梁は、神社仏閣などの日本建築によく見られる軒先の**垂木**(たるき)を模したものです。**打ちっ放しのコンクリートで木造風の表現をするという斬新な試み**でした。幾何学的な水平・垂直の構造に「和」の要素を溶け込ませた手腕は高く評価されています。普遍的なモダニズムに日本特有の文化をいかに織り込むかは、多くの日本人建築家にとって重要なテーマ。香川県庁は、その問題に対する丹下からのひとつの解答でした。

大胆な海上都市を構想した「東京計画1960」

1960年代に入ると、丹下は**都市計画**の仕事を手がけるようになります。まず61年に、丹下健三+都市・建築設計研究所を開設。63年には東京大学工学部に都市工学科が新設され、それまで建築学科の助教授だった丹下はそちらの教授になりました。

60年代の丹下といえば、64年の東京オリンピックのために設計した**国立屋内総合競技場**

（現・国立代々木競技場）があまりにも有名です。その**吊り構造**（屋根や床を構造支柱から吊り下げる手法）による美しいデザインは、世界の建築界に衝撃を与えました。

しかし、この時期の丹下が世界から高く評価されたのは、それだけではありません。61年に発表した**「東京計画1960」**という都市計画の提案も大きなインパクトを与えました。高度経済成長によって人口が増加する東京の都市構造を改革するプランです。

丹下は、有機的にどんどん成長していける都市システムを構築することを考え、都心から東京湾を超えて千葉の木更津方面に延びる海上都市を提案しました。東京湾にかけた長いハシゴのような軸に

丹下健三「東京計画1960」

政治や経済などの中枢機能を集め、その両サイドに広がる軸の先に埋め立てによって住宅地をつくり、交通システムで結ぶ。都心から放射状に広がる閉じた求心的構造では発展に限界があるので、線形平行射状の開いた構造にすべきだ、というわけです。

この計画には、丹下研究室に所属する若い建築家たちのアイデアも盛り込まれました。都市と建築を統合する交通システム**「サイクル・トランスポーテーション・システム」**は**黒川紀章**（1934－2007）によるもの。ライフラインやエレベーターなどを収める垂直の「コア」とオフィスや住居をつなぐ**「ジョイント・コア・システム」**は、**磯崎新**のアイデアでした。実現はしなかった壮大な計画ですが、社会的な問題に答える新しい都市デザインとして、国際的にも高く評価されています。

また、丹下のこの都市計画は、1960年の世界デザイン会議で日本の建築家たちが発表した**「メタボリズム」**の考え方も含まれていました。

序章でも少し触れましたが、**「新陳代謝」**を意味するメタボリズムは、社会変化や人口増加などに合わせて有機的に成長する都市や建築を目指す運動です。「東京計画1960」も、「コア」につないだ建築物が老朽化したときには解体や改築によって「新陳代謝」を進めることが想定されていました。

大阪万博はメタボリズムの集大成

メタボリズム運動のグループに顔を揃えたのは、**黒川紀章**、**菊竹清訓**（１９２８－２０１１）、**槇文彦**（１９２８－）、**大高正人**（１９２３－２０１０）といった建築家だけではありません。都市計画家の**浅田孝**（１９２１－１９９０）、建築評論家の**川添登**（１９２６－２０１５）、インダストリアル・デザイナーの**榮久庵憲司**（１９２９－２０１５）、グラフィック・デザイナーの**粟津潔**（１９２９－２００９）らもメンバーとして参加しています。１９６０年に東京で開催される世界デザイン会議の準備をしていた浅田が若い建築家たちに声をかけ、**『METABOLISM 1960 ～都市への提案』**と題した宣言の書を刊行したところから、その活動は始まりました。

彼らは、建築や都市は永久に変わらない構造ではなく、社会の要請や機能の変更によって変化し、交換可能であると考えます。その考えを実現すべく、ユニット化した居住単位や増殖する建築、建築の複製、量産などについて理論化しました。

その発想は、たとえば１９５８年につくられた菊竹の自邸**「スカイハウス」**にも取り入れられています。４本の柱に支えられて宙に浮いたワンルームの住空間には、居間、食堂、

菊竹清訓「スカイハウス」(1958)

寝室を仕切る壁がありません。そして、部屋を囲む廊下に配置されたキッチン、浴室、収納などは取り替え可能になっています。菊竹はそれを**「ムーブネット」**と呼びました。

また、結婚して子どもが増えるなど増築が必要になった場合は、浮いているワンルームの下に部屋を足していくことが想定されています。住む人のライフスタイルの変化に応じて空間を自由に変化させるという発想は、じつに画期的なものでした。

この菊竹を含めたメタボリズム・グループが大活躍したのが、**1970年の大阪万博**です。菊竹は展望塔**「エキスポタワー」**の設計を手がけ、交換可能な大型と小型の多面体キャビンを7つ設置しました。展望室や機械室などとして使用するキャビンですが、これは未来の住宅モデルとして

黒川紀章「タカラ・ビューティリオン（タカラ・パビリオン）」（1970）

構想されたものです。

万博の2年後に**「中銀カプセルタワービル」**を実現した黒川は、この万博でも**「空中テーマ館住宅カプセル」**を設計しました。居間のカプセル、ベッドカプセル、浴室便所カプセルなどを内蔵し、部屋ごとに新陳代謝が可能なシステムです。浴室便所カプセルには、菊竹が設計した**「ムーブネット」**が使用されました。

黒川は自著『メタボリズムの発想』（1972年、白馬出版）の中で「空中テーマ館は、社会的耐用年数のヒエラルキー（social-metabolic cycle）を設計に取り入れ、設備ユニット、個室ユニットをプレファブ化の単位としてアッセンブリーした量産住宅のプロトタイプなのである」と述べています。

格子状の鋼管にたくさんのステンレス製カプセルを差し込む構造になっている**「タカラ・ビューティリオン（タカラ・パビリオン）」**も、黒川の作品。大阪万博は僕も見に行きましたが（大学1年生でした）、当時いちばん気に入ったのがこのパビリオンです。

そのほかにも、**大高正人**がメインゲートを設計し、会場内の郵便ポスト、電気自動車、時計を**榮久庵憲司**がデザインするなど、大阪万博は日本が初めて建築運動として世界にアピールしたメタボリズムの集大成のような場になりました。

その統括責任者は、もちろん**丹下健三**。彼が設計したメイン会場の**「お祭り広場」**は、溶接の必要がないボールジョイントで組まれており、解体しやすいものでした。

広場を覆う大屋根は、東西１０８メートル、南北２９１・６メートル、重さ５０００トンという巨大なもの。これを６基のジャッキで誤差なくリフトアップする建設作業には39日もかかりました。その大屋根を突き破るように顔を出す**岡本太郎**（おかもとたろう）の「太陽の塔」とのコラボレーションは、いつまでも記憶に残るものになっています。因みに、丹下研究室出身の**磯崎新**がこの広場を担当しました。

若き「野武士たち」の躍動

メタボリズム・グループの活動は大阪万博で一段落し、50〜60年代の日本建築界をリードしてきた丹下健三も（1986年に新東京都庁のコンペに勝つまでは）日本国内ではあまり目立った仕事をしなくなりました。

そこで台頭してきたのが、のちに槇文彦が**「野武士たち」**と呼んだ若い世代の建築家たちです。1940年代生まれを中心とする彼らは、公共建築ではなくおもに個人住宅の設計を通じて自分の美意識を表現しました。国や地方自治体などの「お上」とは無縁なところで仕事をするという意味で、「野武士」的な存在だということでしょう。東京五輪や大阪万博が終わった後に建築家になった世代ですから、そもそも公共的な大仕事はあまりなかったという事情もあります。

たとえば**石山修武**（いしやまおさむ）（1944−）も、「野武士」のひとり。彼が1975年につくった茶室**「幻庵」**は、これまで見てきたモダニズム建築とはまったく違います。まるでドラム缶でこしらえたオブジェのようで、一見すると人間が使う空間とは思えません。

これを設計した石山は、**川合健二**（かわいけんじ）（1913−1996）の建築に影響を受けました。川合は空調などの設備設計家として丹下研究室に出入りし、国立代々木屋内総合競技場の設計にも関わった人物です。その川合が1965年に発表した自邸**「オイル・ドラム・ハウ**

ス」は、まさに巨大なドラム缶のようなものでした。コルゲートパイプという土木用の鋼板（亜鉛引きの波板）を使っているので「コルゲート・ハウス」とも呼ばれます。これに影響を受けた石山は、コルゲートのような鉄板を曲げ、ポストモダン的なデザインで「幻庵」を完成させました。

川合健二「オイル・ドラム・ハウス（コルゲート・ハウス）」（1965）

安藤忠雄（1941−）も、「野武士」世代です。彼が最初に注目されたのは、1976年に発表した**「住吉の長屋」**でした。基本的なデザインはル・コルビュジェ的なモダニズムですが、閉鎖的な「箱」のようなコンクリート打ちっ放しの外観は彼独特のもの。また、部屋から部屋へ移動するときに屋根のない中庭を通らなければならない平面の構成は、合理性や機能性を重視するモダニズムと相容れません。

これは、「都市の住宅にいかにして自然を持ち込むか」というテーマへの安藤なりの解答でした。そもそも日本の建築には、外部と内部を接続する「縁側」があります。雨

伊東豊雄「シルバー・ハット」(1984)

の日に傘をさしてトイレに行くのは不便ですが、それによって自然と一体化する日本的な文化を取り入れることができる。「閉じた箱」の内部にそういう空間が用意されているのは、じつに面白いと思います。

安藤と同い年で、２０１３年にプリツカー賞を受賞した**伊東豊雄**（１９４１―）も、いまでこそ大規模な公共建築をいくつも手がけていますが、若い頃は住宅設計で才能を発揮していました。70年代の代表作「中野本町の家／ホワイトＵ」は白いトンネルのような内部空間を持つ閉鎖的な構造でしたが、やがて１９８４年に発表した自邸**「シルバー・ハット」**のように明るく開放的な作風に変化しました。

ほかにも、「野武士」世代には**早川邦彦**、**土岐新**、**相田武文**、**富永譲**、**長谷川逸子**、**石井和紘**といった面白い建築家がいます。その多くは、80年代以降、安藤や伊東のように大規模な公共建築も手がけるようになりました。すべてを紹介することはできませんが、機会があればその作品に触れて、前川國男や丹下健三の有名なモダニズム建築と見比べてみてください。20世紀後半からの西洋建築の変化を、日本にいながら実感できると思います。

終　章

ポストモダン、
脱構築主義、
そして未来へ

モダニズムの「禁じ手」で彩られたヴェンチューリ作品

ル・コルビュジェらがモダニズム建築の牙城として創立したＣＩＡＭが、チームＸの登場を経て解体したのは、１９５９年のことでした。その頃から、普遍的なインターナショナル・スタイルを目指したモダニズムは行き詰まっていたといっていいでしょう。日本発のメタボリズムが世界にインパクトを与えたのは、その翌年のことです。あの運動は、限界を迎えつつあった近代建築に新たな刺激を与えるものでもありました。

人間は「飽きる」生き物なので、どんなに広く支持された建築様式でも、おそらく永遠に続くことはありません。これまでお話ししてきたことからもわかるとおり、西洋建築史は「飽きる」ことで変化してきたといってもいいぐらいです。

１９６０年代には、モダニズム建築を正面から批判する人たちも出てきました。その代表が、前にも少し触れた**ロバート・ヴェンチューリ**です。彼が、１９６６年の著書『建築の多様性と対立性』で掲げた**「Less is bore（少ないほど、退屈である）」**という言葉は、まさに「おれはもうモダニズムに飽きたよ」と言っているように思えてなりません。

ロバート・ヴェンチューリ「母の家」(1963)

モダニズムは、「住むための機械」というル・コルビュジェの言葉が示すとおり、何よりも合理性と機能性を重視するものです。そこでは装飾が「罪悪」とまで言われて否定され、普遍性を求めるがゆえに地域性や歴史性なども排除されました。モダニズムに飽きた人々が、それらの要素を再評価することで生まれたのが、いわゆる**「ポストモダン建築」**です。1977年には米国の建築理論家**チャールズ・ジェンクス**が『ポスト・モダニズムの建築言語』という著書の中で**「モダニズム建築の死」**を宣言しました。

ポストモダン建築が本格化するのは80年代ですが、「Less is bore」と言い放ったヴェンチューリは、その著書を出す前の1963年に**「母の家」**という作品を発表しています。一見すると、シンプルなデザインにも思えるでしょう。でもここには、モダニズム建築ではあり得ない要素がいくつもあります。

まず、**真ん中に切り込みの入った切妻屋根**。これは、ギリシャ神殿のような古典主義を感じさせます。その一方で、右側に並ぶ5枚の水平連続窓はル・コルビュジェ風。左側の窓は違いますが、「田」の字に区切られた4枚と玄関脇の1枚を合わせると5枚となり、数の上では右側とバランスが取れています。でも、左右対称ではありません。

窓をつなげている水平のラインは、本来、異なる素材が合わさる角の部分や釘などを隠すために使われる「モール」という部材です。古典的な内装でよく使われるものですが、ヴェンチュリーはそれを単なる装飾として使いました。部材の機能を無視しているという点で、まったくモダニズム的ではありません。

もっと意味がわからないのは、**入口の上に貼り付けられたアーチ**。これも本来、古典的な石の建築で開口部の梁として機能するものですが、これはまったく機能を求めていません。装飾として、ペタッと貼りつけただけです。

いずれの要素も、モダニズム的には「禁じ手」といっていいでしょう。モダニズム建築の価値観に照らせば、この「母の家」は完全な駄作です。しかしヴェンチューリはこのデビュー作で、大いに注目されました。「なんだこれは?」と考え込ませるようなデザインが「ウケるヒット作」になったのが、ポストモダンの時代です。モダニズムには規範となる理論や法則性がありましたが、ポストモダンは「何でもアリ」の無法地帯。それぞれの建築家が独自のアイデアに基づいて遊ぶゲームのようなものだったと思えばいいでしょう。

80年代からポストモダンに舵を切ったモダニズムの俊英

そんなポストモダン建築を代表する建築家のひとりが、米国の**マイケル・グレイヴス**（1934－2015）です。

グレイヴスはもともと、モダニズム建築の俊英と見なされていました。そのお墨付きを与えたのは、1969年にニューヨーク近代美術館（MoMA）で行なわれた展覧会です。MoMAの館長も務めたキュレーターの**アーサー・ドレクスラー**（1925－1987）がモダニズム建築家5人の特集を企画し、グレイヴスもそこに入っていました。

1972年にはこの展覧会をもとにした『ファイブ・アーキテクツ』という書籍も刊行され、グレイヴスを含む5人は**「ニューヨーク・ファイブ」**と呼ばれるようになります。彼らの作品は真っ白な外壁を使うことが多かったため、**「ホワイト派」**とも呼ばれました。

すでに「Less is bore」のヴェンチューリが注目され、モダニズムが行き詰まりを迎えていた時期ですが、彼らはモダニズムに執着していたわけです。

ところが80年代に入ると、グレイヴスはポストモダンに舵を切りました。その嚆矢（こうし）と

マイケル・グレイヴス
「ポートランド・ビル」(1982)

なったのが、1982年に完成した**「ポートランド・ビル」**です。

オレゴン州ポートランドの市庁舎として建てられた15階建てのビルは、モダニズムを否定している点で大きな物議を醸しました。モノクロ写真ではわかりにくいので説明しておくと、濃い部分は茶系の色で塗られています。正面には古代の神殿めいた突起物、側面には何を意味しているのかよくわからない幾何学的な装飾も施されました。「合理性と機能性」というモダニズムの原則はほとんど無視されています。

また、モダニズム建築は同じサイズの窓を連続させることで、民主主義にもつながる「平等性」を表現していました。しかしポートランド・ビルは、小さい正方形の窓もあれば、大きな窓もあります。中で働く人々は、部屋によって見える景色の範囲が違う。平等ではありません。その空間で過ごす人間のことは二の次で、外観のコンポジションをいかに面白くするかが優先されています。

米国建築界のフィクサー、フィリップ・ジョンソン

公共建築の大規模なコンペでこのようなポストモダン建築が選ばれたのは、良くも悪くも画期的なことでした。その選考委員会に、ある重要な人物が名を連ねていたことも見逃せません。20世紀建築界のフィクサー的な存在として活躍した**フィリップ・ジョンソン**(1906－2005)です。

ハーバード大学で哲学を専攻したジョンソンは、卒業後にヨーロッパを旅して建築への造詣を深めました。そして1930年にMoMAのキュレーターに就任。つまり、「ニューヨーク・ファイブ」の展覧会を企画したドレクスラーの先輩にあたります。

ジョンソンは1932年に、ヨーロッパの最先端モダニズム建築を紹介する展覧会**「インターナショナル・スタイル　～1922年以後の建築」**を開催しました。CIAM創設から4年後のことです。

ル・コルビュジエ、ミース、グロピウス、フランク・ロイド・ライトらを中心に紹介したこの展覧会を通じて、ジョンソンは近代建築のインターナショナル・スタイルを定義したといっていいでしょう。モダニズムを米国に普及する上で、きわめて重要な意義を持つ

展覧会でした。

ジョンソンは１９３６年にはいったんＭｏＭＡを辞職し、自らも建築家になるべく、１９４０年にハーバード大学建築学部の大学院に入学。そこでは、米国に移住していたグロピウスにも師事しています。

１９４６年から１９５４年までは再びＭｏＭＡのキュレーターとなり、「ミース・ファン・デル・ローエ展」も開催しました。ミースとは関係が深く、彼の代表作のひとつである「シーグラム・ビルディング」（１９５８年）は、施主のお嬢さんの強い要望により、ジョンソンがミースを紹介したといわれています。そして設計にも協力しています。

そういった活動を通じて建築界への影響力を高めていった**ジョンソンが、コンペの選考委員としてグレイヴスのポストモダン建築を評価したことには、大きな意味があった**でしょう。「これからはポストモダンの時代だ」という権威筋からのゴーサインのように感じられなくもありません。

いずれにしろ、グレイヴスはそれ以降、ポストモダン建築の大スターとして一世を風靡しました。たとえば、オーランドのウォルト・ディズニー・ワールドに建てられた**「スワン&ドルフィン・ホテル」**。この過剰な装飾をアドルフ・ロースが見たら、頭を掻きむしって罵（ののし）るかもしれません。

屋上に設置された巨大な白鳥やイルカのオブジェは、ルネサンス建築でしばしば見られた巨大な彫刻を模したもの。壁面を大胆に彩る波の模様も含めて、そこがディズニー・ワールドという娯楽施設であることを差し引いても、やはりグロテスクなほどの過剰性を感じます。パチンコ店やラブホテルを思い起こす日本人も多いのではないでしょうか。

もし建築学科の学生が課題でこんな設計を提出したら、たいがいの教員は「おまえは何を勉強してきたんだ」と突き返すと思います。でも、グレイヴスはポストモダンのスターなので、何をやっても「ほほう、さすが大先生」などと感心され、認められる。「ホワイト派」の頃のグレイヴス事務所は小所帯でしたが、ポストモダン以降はあちこちから設計依頼が舞い込むようになり、数百人を抱える大事務所になりました。

スワン&ドルフィン・ホテルほど過剰なデザインではありませんが、大阪の**「御堂筋ミナミビル」**（1990年）や東京の**「ファミール月島グランスイートタワー」**（2002年）など、グレイヴスの作品は日本国内にもいくつかあります。機会があれば、米国建築界の大スターの作品を味わってみてください。

日本のポストモダンを代表する磯崎新

一方、日本でポストモダンを代表する建築家といえば、やはり**磯崎新**（１９３１－２０２２）ということになるでしょう。すでに第3章でも、クロード・ニコラ・ルドゥーが設計した「アル＝ケ＝スナンの王立製塩所」の柱を引用した磯崎の**「つくばセンタービル」**を紹介しました。ポストモダン時代の作品です。

１９６０年代の磯崎は、**「大分県医師会館」**（１９６０年）や**「大分県立図書館」**（１９６６年）など、コンクリートの塊による力強いデザインを特徴としていました。70年代に入ると、建築の手法を追求するようになります。たとえば、この時期の代表作である**「群馬県立近代美術館」**（１９７４年）は、幾何学的な形状を操作することで、建築家がいなくても設計が可能になるシステムを求めたものでした。そのシステムに基本構造となる立方体を与えれば、人間が頭を使わなくても、決められた操作によって全体の形が決まるのです。

ところが、この美術館を１９９８年に増築した際、磯崎はその増築部分を操作システムに委ねず、既存の建物と斜めの向きにつなげました。そこには明らかに、磯崎新という建築家の恣意（しい）的な意図が込められています。70年代と90年代では、考え方が変わったのかも

磯崎新「群馬県立近代美術館」(1974、1998)

しれません。あるいは、最初から「メカニカルな操作だけではダメ。やはり人間が介入しなければ美しい建築にはならない」とわかっていて、いずれ斜めの仕上げをするつもりだったのでしょうか。いずれにしろ、見る者、使う者にいろいろなことを考えさせる強いメッセージ性がそこにはあります。

磯崎のつくばセンタービルや、第6章で紹介した隈研吾の「M2ビル」もそうだったように、歴史的な建築を引用したり、古典的な様式を取り入れたりするのも、ポストモダン建築によく見られる傾向のひとつ。大阪万博以降、日本ではあまり仕事をしていなかった**丹下健三**が1986年に設計した**「新東京都庁舎」**も、ゴシック建築風の外観が印象的なポストモダン建築の傑作です。

この新東京都庁舎のコンペには、丹下の弟子である磯崎も参加していました。巨大な球体やピラミッドなどを屋上に配置した磯崎のデザイン案は、やはりポストモダン時代ならではです。

ただしこの磯崎案は高さが100メートルを下回るもので、超高層ビルを前提とするコンペ規定に違反していました。どうやら、これは最初から落選覚悟の自己主張だったようです。落選が決まったときは、「庁舎は市民を見下ろすものであってはならない」などと発言しました。「日本趣味」という規定に反発してモダニズム案を提出した前川國男のエピソードを思い出します。大規模なコンペは、選ばれた設計案を見るだけでなく、落選した建築家が発するメッセージを読み取るのも面白いものなのです。

ポストモダンから「脱構築主義」へ

話を米国に戻しましょう。コンペの選考委員としてグレイヴス案にお墨付きを与えた**フィリップ・ジョンソン**は、自らも建築家としてポストモダンの仲間入りをしました。1984年、マンハッタンのミッドタウンに建てられた**「AT&Tビルディング」**です(1993年にソニーに売却されて「ソニー・タワー」となり、さらに2013年に所有者が代わって、現在は所在地の「550マディソン・アベニュー」が正式名称)。

ニューヨークのど真ん中に登場したこのビルは、その是非をめぐって議論を呼び起こしました。アール・デコやモダニズムの全盛期に形作られたマンハッタンの摩天楼に、突如、ギリシャ神殿のようなペディメントを戴くビルが加わったのですから、違和感は否めません。しかもペディメントの中央部分が丸く切り取られているので、18世紀の家具みたいにも見える。そのため、「チッペンデール」と呼んで嘲笑する向きもありました。**トーマス・チッペンデール**（1718－1779）は、ロココ時代に活躍した英国の家具デザイナーの名前です。

フィリップ・ジョンソン
「AT&Tビルディング」(1984)

しかし、なにしろフィリップ・ジョンソンは建築界の大物フィクサーですから、このビルはポストモダン建築そのものを強く肯定するものとして受け止められました。「ほんとに何でもアリで好きにやっていいのかな?」と疑心暗鬼だった建築家たちも、「フィリップ・ジョンソンがこれをやったんだから、もう何でもオッケーだな」と安心してポストモダンに邁進できるようになったわけです。

ところが、そのポストモダンの限界にいち早く気づいていたのもまたジョンソンでした。CIAMのような公式の組織ではありませんが、ニューヨークにはジョンソンを中心とする著名建築家たちのコミュニティがあります。あるプライベート・クラブに「フィリップ・ジョンソン・ルーム」という部屋があって、そこで「これからどんな建築をやっていこうか」といった話をする。安藤忠雄さんがMoMAで展覧会を開いたとき、ジョンソンから呼ばれてそこに行ったので、通訳として帯同していた僕もご一緒したことがあります。

そのクラブで、ジョンソンはAT&Tビルが完成してから間もない頃から、「ポストモダンはもう続かないから、次に何をやるか考えないといけない」といった話をするようになったのではないかと僕は考えています。そこで浮上したのが、**「脱構築(デコンストラクション)」**というアイデアです。

脱構築とは、フランスの哲学者**ジャック・デリダ**(1930-2004)が提唱した概念。西洋哲学が前提としてきた二項対立の思考法を疑い、その対立を成立させている基盤そのものを問う——僕は哲学の専門家ではないので詳しくは説明しませんが、それがデリダの「脱構築」でした。

そのデリダと親交を深め、文通をしながら議論をしていたのが、ジョンソン親分の子分のひとりである**ピーター・アイゼンマン**(1932-)です。デリダの哲学は直接アートのことを語っているわけではありませんが、建築の世界にも「古典かモダニズムか」「装飾か機能性か」「モダンかポストモダンか」といった二項対立が歴史の中でくり返されてきました。それが行き詰まって次の方向性が見えなくなっていたので、建築の基盤そのものを問い直す「脱構築主義」に活路を見出そうという話になったのでしょう。

断片的で不安定で破壊的なスタイル

そして1988年、ジョンソンの呼びかけによって、MoMAが**「脱構築主義者の建築」**と題した展覧会を開催しました。出品したのは、**ピーター・アイゼンマン**、**フランク・ゲーリー**（1929－）、**ダニエル・リベスキンド**（1946－）、**レム・コールハース**（1944－）、**ベルナール・チュミ**（1944－）、ウィーンの設計事務所**コープ・ヒンメルブラウ**、そしてあの**ザハ・ハディド**（1950－2016）の7組です。

その作品の中には、壁が歪んだり、建物自体が傾いていたり、壊れているように見えたりするものもありました。そこで示された、断片的、不安定、あるいは破壊的なスタイルが**「デコンストラクティヴィズム」**です。近代建築の「インターナショナル・スタイル」を定義づけた1932年の展覧会と同様、1988年のこの展覧会が**「脱構築主義建築」**

フランク・ゲーリー「ビルバオ・グッゲンハイム美術館」(1997)

を定義づけるイベントとなりました。

では、彼らの作品をいくつか紹介しましょう。まず、カナダ出身の**フランク・ゲーリー**。彼が建築家として注目されるきっかけとなったのは、1979年にリノベーションした**サンタモニカの自邸**です。閑静な住宅地に、突如として廃材置き場みたいな家が建てられたので、近隣住民からは「迷惑だ」などとクレームがつきました。僕はこの近くで仕事をしていたことがあり、ゲーリーとも知り合いなのでお邪魔したことがありますが、たしかにギョッとする佇まいなので、眉を顰められるのも無理はないと思ったものです。

ソフトウエア技術にも詳しいゲーリーは、航空機や機械などを設計するためのソフトを建築に使う手法も取り入れ、それによって複雑な構造をつくれるようになりました。その一例が、スペインで1997年に完成した**「ビルバオ・**

グッゲンハイム美術館」です。ウネウネと曲がった構造は、まさに脱構築。外観は閉鎖的に見えますが、中央部は透明な屋根で覆われているので、内部は明るい雰囲気です。その中央部を、ゲーリーは「ザ・フラワー」と名づけました。

ベルナール・チュミ「ラ・ヴィレット公園」(1989)

次は、スイス出身の**ベルナール・チュミ**。彼の仕事でいちばん有名なのは、フランスでミッテラン政権時代に行なわれたパリ再生計画「グランド・プロジェクト」の一環である**「ラ・ヴィレット公園」**です。1867年にナポレオン3世がつくったラ・ヴィレット食肉処理場の跡地に公園を造営するプロジェクトで、1982年の国際コンペには471件もの提案が寄せられました。

そこで選ばれたチュミ案は、敷地にグリッド(格子状の区画)を設定し、その交点に**「フォリー」**という小さな建物を配置するというアイデアです。フォリーとは、ヨーロッパの庭園に昔から見られる装飾用の建築物のこと。彫刻のようなオブジェとは違いますが、建築物ではあるもの

ダニエル・リベスキンド「北帝国戦争博物館」(2002)

の、単なる装飾であって、用途はありません。18世紀のイギリス式庭園やフランス式庭園には、ローマ建築の神殿、中国風の仏塔、エジプトのピラミッドなどを模したフォリーがよく建てられました。

チュミは公園内に、35個の真っ赤なフォリーを120メートル間隔で配置。そのひとつひとつが、脱構築的なデザインになっています。フォリーによって示される「点」と、遊歩道の「線」、そして緑地の広がる「面」を重ね合わせることで公園全体の構造が浮かび上がるというのが、チュミのアイデアでした。ただ、散歩をするにはよいものの、フォリーはとくに使い途(みち)がないこともあって、市民の「憩いの場」としてはあまり喜ばれなかったようです。

最後にもうひとり、ポーランド系米国人**ダニエル・リベスキンド**の脱構築建築を紹介しておきましょう。リベスキンドの両親はユダヤ系で、ホロコーストの生存者でした。そんな出自のためか、リベスキンドはベルリンとデンマークで2つの**「ユダヤ博物館」**の設計を手がけています。

代表作は、英国のマンチェスターで2002年に開館した**「北帝国戦争博物館」**。英国内に5つある帝国戦争博物館のひとつです。ピロティが傾いて潰れているように見えるあたりは、脱構築建築の典型的な表現といえるでしょう。そして、その外観自体が「戦争」をイメージさせるようにも感じます。リベスキンドは「ユダヤ博物館」が完成するまでほとんど実作がありませんでした。しかし、建築家たちから、彼のドローイングは非常に魅力的でパワフルなものだと注目を浴びていました。そのリベスキンドの実作が完成してから、脱構築の時代を経て、彼のコンセプチュアルな建築作品が世界各地で見られるようになりました。このことは建築家や学生たちをはじめ、僕たちにとってとても重要な事例を目にする機会が与えられたと考えられるのではないでしょうか。

政治化によって踏みにじられる建築家の意思

フィリップ・ジョンソンが仕掛けた脱構築主義建築は、たしかにモダニズムともポストモダンとも違う新しさを生み出しました。しかし、あまり長続きしなかったのも事実です。2005年頃には、すでに力を失っていました。脱構築主義は、ロココ、アール・ヌーヴォー、ポストモダンなど西洋建築史にしばしば登場する一時的なファッションにすぎず、モダニズムのような確固たる「様式」にはならなかったのです。

モダニズム建築が「様式」として定着し、「かくあらねばならぬ」と思わせるだけの強い説得力を持っていたのは、それが単に「面白いアイデア」を求めたものではなかったからでしょう。

この本でも触れてきたように、モダニズムの淵源には産業革命という社会的な大変化がありました。産業革命が切り拓いた近代社会は、大量生産・大量消費の資本主義社会であり、そこでは効率性やスピードなどが求められます。そんな社会には、合理性と機能性を前面に押し出したモダニズム建築が必要でした。「かっこいいから」とか「面白いから」といった理由ではなく、それが**社会の要請に合致していた**からこそ、モダニズム建築は広く受け入れられ、時代が求める様式として発展したのです。

ここまでに何度もお話ししてきたとおり、建築は建築家の求める「美」や「面白さ」、あるいは「思想」や「哲学」などを追求するだけで成り立つものではありません。とくに大規模な公共建築は、その時代の政治権力や経済状況などによって大きく変わります。そういう大きな流れを前にしたとき、建築家は往々にして無力な存在でしかありません。

一例として、そんな無力感を味わった建築家のお話をしましょう。

1981年の米国で、ワシントンD.C.に建設する**「ベトナム戦争戦没者慰霊碑」**の全米コンペが行なわれました。優勝したのは、中国系米国人の**マヤ・リン**（1959－）です。当時の彼女はまだイェール大学の学部生でした。

その設計案は、きわめてシンプルなものです。建設されるのは、黒い花崗岩でつくられた全長75メートル、高さ3メートルのV字形の壁だけ。そのメモリアル・ウォールに、ベトナム戦争で戦死したおよそ5万8000名の兵士の名前を刻みます。V字の一方はリンカーン記念館、もう一方はワシントン記念塔のほうに向けられていました。

この案がコンペで勝つと、米国内ではすさまじい非難の声が上がりました。まず、マヤ・リンがアジア系であることが気に入らない。ベトナム戦争でアジア人を相手に命を落とした兵士たちの慰霊碑を、同じアジア人が設計することを感情的に受け入れられなかったのです。

また、この慰霊碑は戦死した兵士の名前を刻むだけで、彼らを讃えるような碑文はまったくありません。戦没者慰霊碑につきものの「英雄像」のようなものもありませんでした。そのため「勇敢に戦って国のために死んだ兵士たちのことをどう思っているのか」という反発も起こりました。「マヤ・リンはアジア系だから米兵を讃えないのだろう」というわけです。

これは、米国議会でも問題にされるほど大きな騒動になりました。そして結局、ある妥協案に落ち着きます。「3人の兵士」と題された伝統的な人物彫刻が設置されたのです。もちろん、マヤ・リンの意思に反するものでした。

ベトナム戦争は、多くの米国人にとって、悲惨な記憶です。「なぜこんな戦争をしなければいけないのか」という反対の声が高まり、反戦運動も盛り上がりました。敗戦後は、多くの帰還兵がPTSDなどの精神疾患に苦しんでいます。戦死者を「英雄」として讃える気持ちにならないのは、マヤ・リンだけではなかったでしょう。

その悲惨さを語り継ぐ慰霊碑にするために、彼女は英雄像を置かず、兵士を讃える碑文も刻まなかったのだと僕は思います。しかし世の中の反発によってこの建築は政治化され、設計者の意思は踏みにじられました。

その後、マヤ・リンは世界的に著名なデザイナーとして活躍する存在になったのが不幸中の幸いではありますが、20歳そこそこの大学生があれほどのプレッシャーを受けたら、そこで潰れてしまったとしても不思議ではありません。しかし建築家とは、そういうプレッシャーの下で表現をしてゆく仕事なのです。

マヤ・リン「ベトナム戦争戦没者慰霊碑」(1982)

「ベトナム戦争戦没者慰霊碑」
空からの写真

「教養としての建築」が必要な理由

ポストモダンが終わり、脱構築主義が力を失った後、世界の建築界はまだ「次」の方向性を見つけることができていません。序章でお話ししたとおり、各地の歴史や文化を取り入れた**「クリティカル・リージョナリズム」**が主流にはなっていますが、それがモダニズムのような「時代に必要とされる様式」になることはないでしょう。地域性を取り入れる試みは、これまでの西洋建築史の中でもいろいろとありました。それ自体は、確固たる様式の根っこになるようなものではないと僕は思います。

では、建築家はどんな未来を志向すればいいのか。もちろん、僕にはわかりません。モダニズムの時代から脱構築主義まで建築界をリードしてきたフィリップ・ジョンソンも亡くなり、隠然たる影響力を発揮するフィクサーもいなくなりました。

ただ、21世紀はITやAI、あるいはドローン、3Dプリンタといったテクノロジーの発達によって、何度目かの「産業革命」が起きています。それが社会にどんな変化をもたらすのかを予測するのはとても難しいことですが、18〜19世紀の産業革命がモダニズム建築を生み出したのと同様、その未来社会の要請に応える建築様式がいずれ誕生するかもしれません。

一方で、ロシアとウクライナの戦争やイスラエルとハマスの紛争などが続き、世界はまた危うい状況になっています。自由と民主主義という近代的な価値観と対立する権威主義的な国々も力を持ってきました。そういう社会では、ポストモダンや脱構築主義とは別の形で、モダニズムを否定する建築運動が起こらないともかぎりません。


ともあれ、未来の建築のあり方を決めるのは建築家ではなく、社会です。もちろん建築家たちは、それぞれに独創的なアイデアを考え、世界を変えるための提案をしていくでしょう。でも、社会がその意義を理解し、サポートする気にならなければ、建築家のアイデアは何も実現しません。社会全体の広い理解がなければ、その時々の支配者や権力者の好みに合う建築が進むのは、ここまでの歴史を振り返れば明らかです。

僕は建築に携わる人間のひとりとして、そんな未来は想像したくありません。そうではなく、より多くの人々が楽しく、快適に、そして幸福に生きることのできる建築を実現したいと思います。

そのためには、建築という文化を深く理解する人々をもっと増やさなければいけません。専門家だけでなく、一般の人々が建築を「教養」として身につけ、建築の良し悪しを語り合えるような社会にしたい。それを願って、僕はこの本を書きました。

建築という教養が広まれば、大きな権力や資金力を持つ人たちも低レベルな意思決定はできません。おかしな建物をつくれば、世間から批判を受け、「無教養な指導者」として軽蔑されるでしょう。みんなが納得する公共建築やオフィスビルなどを建設するには、意思決定者も建築への理解を深める必要があります。

建築史の流れは、そういう大規模なプロジェクトによって決定づけられてきました。本書を読んでくださったみなさんが、自分の住居から公共建築にいたるまで幅広く関心を持ち、社会全体の建築政策にも影響力を発揮してくださったら、こんなに嬉しいことはありません。それによって、建築の未来も、この社会の未来も、明るいものになるだろうと僕は信じています。

あとがき

僕は子どもの頃から日本史に興味がありました。もしかしたら、僕自身が歴史を変えた人物の家系に生まれたからかもしれません。小学校を卒業するとアメリカへ移住することになり、２０００年の歴史を誇る日本から遠ざかることになりますが、現地では２５０年に詰め込まれたアメリカ史に触れることになります。このように幼少期を振り返ると文系的な脳構造を持っていたようなのですが、結局キャリアは理系といわれる建築家になり一旦落ち着くのでした。

建築学を習得するには、エンジニアの脳構造だけでは完成しません。建築は顕在化された文化の要素の集積であり、また建築学という学問そのものにも芸術の要素が半分を占めます。よって、建築学を大きく広く習得するためには、文化として人類の文明そのものを探究してゆかねばならないと考えました。こうして、大学時代から建築史に興味を持ち、古希を迎える時点では世界70カ国を訪問し、さまざまな文化とそのエビデンスともいえる建築物に足を運び、実際に触れてきました。

一方で、これまで30年間日米の大学で教鞭を執ってきましたが、ここでも建築設計、建築計画とともに近代建築史の授業を担当してきました。新入生向けの柔らかい建築史と少し専門的な大学院の「比較近代建築史」という2つの授業科目です。その間、東京大学の藤森(ふじもり)研究室にも席を置き、近代建築史の研究に参加しました。

担当した建築史の授業は、将来建築分野へ進学する学生向けの講義ですが、これをわかりやすく一般向けに文化講座として開講することで、私たちを取り巻く世界の建築物が顕在化するのではないかと考えるようになりました。そんなときに友人のジョーンズ栄理子さんからこの本を書くきっかけとなった渡辺智久さんをご紹介いただき、ビジネスパーソン向けの建築史を書くという前提で本書の執筆作業が始まったのです。それから1年半の歳月が経ち、ようやく出版が実現しました。

僕は建築家であり、建築史家ではありません。その観点からこの本を書いたので、予(あらかじ)め建築史家の仲間にはそれをお伝えしておきます。

この本の出版にあたって、建築史家の藤森照信(てるのぶ)先生、村松伸(むらまつしん)さんから多く学んだことに感謝申し上げます。また、執筆作業においてお世話になったプロデューサーの渡辺智也さん、ジョーンズ栄理子さん、編集をご担当いただいた祥伝社書籍編集部に心よりお礼申し上げます。

最後に、還暦を迎えた年に出会い、僕の成功と活躍を信じ、絶え間なく激励を続けてきてくれた、僕が最も愛する公私のパートナー加藤淳子に心から感謝の気持ちを伝えます。

国広(くにひろ)ジョージ

public domain
ソヴィエト宮殿案　ウラジーミル・シューコ
public domain
ソヴィエト宮殿 決定案　ボリス・イオファン
public domain
マラパルテ邸
Wikimedia Commons/Peter Schüle
ＥＵＲ会議場
Wikimedia Commons/Mark Ahsmann
パラッツォ・デッラ・シヴィルタ・デル・ラヴォロ　Wikimedia Commons/Jean-Pierre Dalbéra
カーサ・デル・ファッショ　public domain
カーサ・デル・ファッショ　図
Peter Blundell Jones, *Modern Architecture Through Case Studies 1945-1990,* Architectural Press, Oxford, 2002

【第７章】
レヴィット・タウン　public domain
サウスデール・ショッピングセンター
ゲッティ／共同通信イメージズ
リーバ・ハウス　public domain
イェール大学 ベイニッケ貴重書図書館
public domain
マンハッタン・ドーム
Wikimedia Commons/Cédric THÉVENET
ダイマクシオン・ハウス
Wikimedia Commons/Rmhermen
ソーク生物学研究所
Wikimedia Commons/Saint Etienne
キンベル美術館　public domain
ＴＷＡターミナル　iStock
ダレス国際空港ターミナル　public domain
ニューヨーク万博
Wikimedia Commons/Anthony Conti
アーコサンティ　Wikimedia Commons/Carwil

【第８章】
東京国立博物館本館　public domain
平和記念東京博覧会メイン・パビリオン平和塔
public domain
東京逓信病院　public domain
黒部川第二発電所
Wikimedia Commons/Tam0031
白木屋本店　public domain
土浦亀城自邸（上大崎）　Cynet Photo
土浦亀城自邸（上大崎）室内　Cynet Photo
パリ万国博覧会　日本館　public domain
渡辺翁記念会館
Wikimedia Commons/Asturio Cantabrio
大東亜建設記念営造計画　丹下健三＋都市・建築設計研究所
大東亜建設記念営造計画　丹下健三＋都市・建築設計研究所
大東亜建設記念営造計画　丹下健三＋都市・建築設計研究所
旧東京都庁　public domain
香川県庁　Wikimedia Commons/Nakaful
東京計画１９６０　丹下健三＋都市・建築設計研究所、撮影 / 川澄明男
スカイハウス
Wikimedia Commons/InnaSergeeNik
タカラ・ビューティリオン　共同通信イメージズ
オイル・ドラム・ハウス
朝日新聞社／Cynet Photo
シルバー・ハット
Wikimedia Commons/Kenta Mabuchi

【終　章】
母の家　public domain
ポートランド・ビル
Wikimedia Commons/Steve Morgan
群馬県立近代美術館　共同通信イメージズ
AT＆Tビルディング
Wikimedia Commons/David Shankbone
ビルバオ・グッゲンハイム美術館
Wikimedia Commons/MykReeve
ラ・ヴィレット公園
Wikimedia Commons/Guilhem Vellut
北帝国戦争博物館　iStock
ベトナム戦争戦没者慰霊碑　iStock
ベトナム戦争戦没者慰霊碑空撮　public domain

※クレジット掲載不要のものは省いた

アルテス・ムゼウム（旧博物館）
Wikimedia Commons/Pöllö
水晶宮　public domain
フランス国立図書館（旧館閲覧室）
DPA／共同通信イメージズ
ガレリア・ヴィットリオ・エマヌエーレ２世
Wikimedia Commons
レッドハウス
Wikimedia Commons/Ethan Doyle White

【第４章】
機械館　public domain
ヴィクトリア様式　木造住宅　著者提供
プルマン工業都市　著者提供
リライアンス・ビル
Wikimedia Commons/J. Crocker
オーディトリアム・ビル　public domain
カーソン・ピリー・スコット・ストア
public domain
ウェインライト・ビル　public domain
ギャランティ・トラスト・ビル　public domain
『ジスモンダ』のポスター　public domain
タッセル邸　Wikimedia Commons/I, Karl Stas
オルタ邸　Wikimedia Commons/Paul Louis
サグラダ・ファミリア教会
Wikimedia Commons/C messier
カサ・ミラ　Wikimedia Commons/Thomas Ledl
ヒル・ハウス
Wikimedia Commons/2002, Jeremy Atherton.
セセッション館
Wikimedia Commons/Gryffindor
ウィーン郵便貯金局
Wikimedia Commons/Gryffindor
ロース・ハウス
Wikimedia Commons/Thomas Ledl
ミュラー・ハウス　CTK／共同通信イメージズ
証券取引所　Wikimedia Commons/Mtcv
トリニティ教会　Sepia Times／Universal Images-Group／共同通信イメージズ
プロビデント・ライフ＆トラスト・カンパニー
public domain
ペンシルベニア美術アカデミー　public domain
ペンシルベニア駅　public domain

【第５章】
ベーレンス・ハウス　Wikimedia Commons
ＡＥＧタービン工場
Wikimedia Commons/rucativava
ＧＨＨ中央倉庫
Wikimedia Commons/B. Gutleben
ノートルダム・デュ・ランシー教会
public domain
聖ジョセフ教会　public domain
サヴォア邸
Album／Prisma／共同通信イメージズ
ファグス靴型工場　Wikimedia Commons
バウハウス　デッサウ校舎　public domain
三岸家住居アトリエ　三岸アトリエ
ミース・ファン・デル・ローエ記念館
ゲッティ／共同通信イメージズ
イリノイ工科大学 クラウンホール
Wikimedia Commons/Arturo Duarte Jr.
ファンズワース邸　public domain
シーグラム・ビルディング　public domain
ライト自宅兼アトリエ
Masayuki Fuchigami／共同通信イメージズ
帝国ホテル　ライト館　共同通信イメージズ
落水荘（Fallingwater）　Wikimedia Commons

【第６章】
シカゴ・トリビューン本社ビル　public domain
シカゴ・トリビューン本社ビルコンペ案　サーリネン　public domain
シカゴ・トリビューン本社ビルコンペ案　ヴァルター・グロピウス　public domain
シカゴ・トリビューン本社ビルコンペ案　アドフル・ロース　public domain
フィラデルフィア貯蓄銀行ビル　public domain
フィラデルフィア貯蓄銀行ビル１階
Wikimedia Commons/ProfReader
フィラデルフィア貯蓄銀行のホール
public domain
ロックフェラー・センター　public domain
エンパイア・ステート・ビルディング
public domain
第３インターナショナル記念塔　public domain
パリ万博でのソ連パビリオン　public domain
メーリニコフ自邸　Wikimedia Commons
イワン・レオニドフ「レーニン研究所」案
SOCKS
Ｍ２ビル　Wikimedia Commons/Wiiii
シャーボロフスカヤのラジオ塔（シューホフ・タワー）　Wikimedia Commons
キエフスキー駅のプラットフォーム

■参考文献

Kenneth Frampton, *Modern Architecture: A Critical History*, New York, Thames and Hudson 1985

Sigfried Giedion, *Space, Time and Architecture: The Growth of a New Tradition*, Fifth Revised and Enlarged Edition, Harvard University Press, 1967

Spiro Kostof, *A History of Architecture: Settings and Rituals*, Oxford University Press, New York, 1985

Charles Jencks, *The Language of Post-Modern Architecture*, Rizzoli, New York 1984

日本建築学会編『西洋建築史図集』(三訂版) 彰国社

■図版・画像提供

【序　章】

ウィトルウィウス的人体図　public domain
国際連合本部ビル
Wikimedia Commons/Abir Anwar
プルーイット・アイゴー　public domain
世界貿易センター
Wikimedia Commons/Jeffmock
中銀カプセルタワービル
Wikimedia Commons/Jordy Meow

【第1章】

ルクソール神殿
Wikimedia Commons/Ad Meskens
建築のオーダー　public domain
パルテノン神殿　Wikimedia Commons
ヴィッラ・アドリアーナ　public domain
パンテオン(ローマ)
Wikimedia Commons/Keith Yahl
パンテオンの天井
public domain
ハギア・ソフィア
Wikimedia Common/Robert Raderschatt
ハギア・ソフィア　断面図・平面図
『西洋建築史図集』を参考に作成
アフメディエ・ジャーミ
Wikimedia Commons/Jorge Láscar
ピサの大聖堂
Wikimedia Commons/ José Luiz Bernardes Ribeiro
ノートルダム寺院の「フライング・バットレス」
Wikimedia Commons
ケルン大聖堂　Wikimedia Commons
シャルトル大聖堂　Wikimedia Commons
アミアン大聖堂
Wikimedia Commons/Raimond Spekking

【第2章】

捨子保育院　Wikimedia Commons/Hiro-o
サンタ・マリア・デル・フィオーレ大聖堂
Wikimedia Commons
サン・ピエトロ大聖堂　平面図　public domain
ラウレンツィアーナ図書館
Wikimedia Commons/Sailko
カンピドリオ広場
Wikimedia Commons/Matthias Kabel
パラッツォ・ファルネーゼ(ファルネーゼ宮)
Wikimedia Commons/Myrabella
ヴィラ・ロトンダ
Wikimedia Commons/Philip Schäfer
バシリカ・パラディアーナ
Wikimedia Commons
パラッツォ・キエリカーティ
Wikimedia Commons/Didier Descouens
パラッツォ・バルベリーニ　iStock
サン・カルロ・アッレ・クワトロ・フォンターネ聖堂　public domain
ブロワ城のオルレアン翼棟
Wikimedia Commons/Zairon
サンスーシ宮殿「ヴォルテールの部屋」
Deutsche Fotothek für Wikimedia Commons
エカテリーナ宮殿「琥珀の間」　public domain

【第3章】

オペラ座計画案　public domain
ニュートン記念堂案　public domain
ピラミッド型の霊廟案　public domain
アル＝ケ＝スナンの王立製塩所
Wikimedia Commons/Jean-Christophe BENOIST
ホテル日航つくば　編集部撮影
ジョヴァンニ・バッティスタ・ピラネージ《『牢獄』(第2版):(7) 跳橋》 1760年代半ばから1770年代初頭(ロビソンによる) 1761年初出版(第二版) エッチング、エングレヴィング、スクラッチ、簀の目紙
所蔵先 国立西洋美術館
Photo: NMWA/DNPartcom
ゴダン共住労働共同体
ANDBZ／ABACA／共同通信イメージズ

[著者紹介]

国広ジョージ（くにひろ・じょーじ）

建築家。国士舘大学名誉教授。清華大学客員教授（北京）。京都美術工芸大学客員教授。一級建築士事務所（株）ティーライフ環境ラボ取締役会長。アメリカ建築家協会フェロー（FAIA）。日本建築家協会フェロー（FJIA）。国際建築家連合 (UIA) 評議員。1951年東京生まれの日系三世。三菱財閥本家で創設者岩崎彌太郎の玄孫。カリフォルニア大学バークレー校卒業。ハーバード大学 Graduate School of Design 修了。その後、サンフランシスコ、ロサンゼルスの設計事務所で修業した後、1982年にロサンゼルスにて、George Kunihiro Architect を設立。1987年にニューヨークに拠点を移し、日本とアメリカで数々のプロジェクトを手がける。1997年東京に拠点を移し、1998年より国士舘大学で教鞭をとり、2003年より同大学教授。1998年-2000年には東京大学工学研究科の博士課程に在籍。その後、2019年まで同大学生産技術研究所研究員。2011年からは中国の清華大学客員教授も務める。また、2020年より京都美術工芸大学客員教授。これまで世界70カ国あまりを訪問し、各地で建築文化に関する講演を行なうとともに、国内外で国際コンペ審査員を務める。2011年-2012年にはアジア建築家評議会（ARCASIA）会長を務め、アジアにおける住環境、都市空間の設計に寄与する建築界のリーダーシップをとる。2023年には、建築界の最上部組織である国際建築家連合（UIA）においてアジア地区を代表する評議員に選出される。任期は2026年まで。専門は建築意匠論、アジアにおける近代文化遺産および現代建築の研究。近年の研究は「過疎化とコミュニティ再生」、「廃棄物の有機資源化」など。2014年より「衣食住文化」を包括的にプロデュースするティーライフ環境ラボを共同主宰。本書は著者初めての一般書。

教養(きょうよう)としての西洋建築(せいようけんちく)

令和6年5月10日　初版第1刷発行

著　者　国広(くにひろ) ジョージ

発行者　辻　浩明

発行所　祥伝社(しょうでんしゃ)
〒101-8701
東京都千代田区神田神保町3-3
☎03(3265)2081(販売部)
☎03(3265)1084(編集部)
☎03(3265)3622(業務部)
印　刷　堀内印刷

製　本　ナショナル製本

ISBN978-4-396-61820-9 C0030

祥伝社のホームページ・www.shodensha.co.jp